잠들기 전에 읽는

융

잠들기 전에 읽는
융

Jung,
Carl Gustav

류쉬핑 지음 | 원녕경 옮김

오렌지연필

Prologue

.

Jung

'세계의 공원'이라 불리는 중유럽의 유명한 중립국가 스위스. 그 나라의 라인 폭포 옆 라우펜부르크라는 오래된 마을에 한 목사의 저택이 있었다. 정원과 세탁실이 딸려 있는, 스위스에서 흔히 볼 수 있는 목사관이었다.

목사관의 어두침침한 작은 방 하나에는 장식에 꽤 많은 신경을 썼는지 벽면에 오래된 그림들이 잔뜩 걸려 있었다. 그중에는 옛 바젤의 풍경을 담은 그림도 있었다. 화원은 커다란 돌덩이들로 쌓아 올린 오래된 담으로 둘러 있었다. 담을 굳이 '오래된 담'이라고 표현한 이유는 돌덩이들 사이로 커다란 틈이 벌어져 거의 굴을 형성할 정도로 그 담을 쌓아 올린 지가 한참 되었기 때문이다.

아홉 살짜리 소년은 자주 그 굴에서 작은 모닥불을 지폈다. 다른 아이들은 그를 도와 나뭇가지를 구해주는 역할을 했을 뿐 모닥불을 관리하는 건 오직 그 소년뿐이었다. 소년은 활활 타오르는 불꽃에서 신성한 빛을 느꼈다.

오래된 담 앞쪽에는 비탈이 나 있었는데 거기에는 유독 솟아오른 돌 하나가 박혀 있었다. 혼자 있을 때면 소년은 으레 그 돌 위에 앉아 시간을 보냈다. 그러다 보면 저도 모르게 생각의 날개가 펼쳐져 본인이 생각하기에도 터무니없는 생각들이 꼬리에 꼬리를 물었다.

'나는 지금 돌 위에 앉아 있고, 돌은 내 밑에 있어. 하지만 돌의 입장에서는 어떨까?'

소년은 이런 문제에 대해 고민하고 또 고민했다. 소년은 돌도 '나'라고 말할 수 있지 않을까 생각했다. 그렇다면 '내가 이 비탈에 누워 있고, 그가 내 위에 앉아 있다'라고 생각할 수도 있겠다 싶었다. 그러자 또 다른 문제가 꼬리를 물었고, 이내 소년은 혼란스러워졌다.

'나는 돌 위에 앉아 있는 나일까, 아니면 위에 그가 앉아 있는 돌일까?'

소년은 이 수수께끼 같은 문제에 빠져 헤매기 일쑤였기에 한번 돌 위에 앉았다 하면 몇 시간이고 일어나지 않았다. 은연중에 소년은 자신과 그 돌이 비밀스러운 관계로 엮여 있음을 느꼈다.

그로부터 30년 후, 가정을 꾸리고 어엿한 사회적 지위도 지닌 그는 다시 어린 시절 자신이 자주 찾던 그 비탈에 섰다. 그 순간 그는 다시 어린아이로 돌아감을 느꼈다. 비밀스럽게 모닥불을 지피고 돌 위에 앉아 돌이 나인지, 내가 돌인지를 고민하던 그 의문 많던 남자아이로 말이다.

그가 바로 칼 구스타프 융(Carl Gustav Jung)이다. 그는 1875년 스위스 케스빌의 한 독실한 종교인 집안에서 태어났다. 여덟 명이나 되는 그의 삼촌과 외할머니는 모두 성직자였고, 아버지도 신앙을 목숨처럼 여기는 목사였다.

어린 시절 부모님의 불화로 융은 항상 놀이 삼아 공상을 즐겼는데, 이는 그의 독특한 성격 형성에 영향을 미쳤다. 그가 공부를 시작한 것은 여섯 살 이후부터였다. 그는 먼 훗날 자신의 유년 시절을 되돌아보며 이때부터 두 개의 인격을 가지게 되었다고 밝혔다. 제1의 인격은 평범한 여느 아이처럼 학교에 다니며 열심히 공부했고, 제2의 인격은 어른들처럼 의심 많고 괴파하며 사람들과 떨어서 자연 속에 있기를 좋아했다.

열두 살 때, 융의 운명을 뒤바꾸는 사건이 벌어졌다. 초여름의 어느 한낮, 교실 밖에서 친구를 기다리고 있는데 한 남자아이가 융을 세게 밀쳤다. 그 바람에 그의 머리는 큰 충격을 받게 되었다. 이후 그의 머릿속에는 신비한 저주가 맴도는 듯했다.

희한하게도 평소 멀쩡해 보이는 융이 학교에 가고 책을 펼치기만 하면 기절하는 것이었다. 의사조차도 속수무책인 상황에 그의 부모는 걱정이 이만저만이 아니었다. 심지어 어떤 이는 그의 이런 증상이 간질인 것 같다고 했다.

▼

융에게 이러한 이력은 수치스러운 비밀이었는데, 훗날 그는 자신이 '신경과민증'을 앓았던 것으로 보았다. 그는 부모님이 자신을 걱정하고 사람들이 동정 어린 말을 건네는 것이 싫었기에 마음을 다잡는 훈련에 돌입했다. 그렇게 신경과민 증상을 극복해 '지금의 나'로 살 수 있게 되었다.

한편, 대학 시절의 융은 자연과학과 인문과학 사이에서 갈팡질팡했다. 사실적 진리를 추구하는 과학이 좋기도 했지만, 고고학자도 되고 싶었기 때문이다. 결국 융은 의사였던 증조부의 영향을 받아 의학계에 발을 들여놓았다.

국가고시를 치르면서 당시 불치병으로 여겨졌던 정신질환에 마음을 빼앗긴 융은 정신의학이야말로 자신이 가야 할 유일한 길임을 분명히 깨달았다.

1904년에서 1905년 사이, 융은 스위스의 심리학자 오이겐 블로일러(Eugen Bleuler)가 이끄는 정신분열증 연구팀에 가담해 '단어 연상' 진단법을 고안해냈다. 이를 통해 사람에게는 여러 '콤플렉스'가 존재한다는 사실을 발견해냈다.

1906년에는 단어 연상 테스트에 관한 연구 결과를 프로이트에게 보내 또 한 번의 인생 전환점을 맞았다. 존경과 우정에서 시작되어 사상적 갈등을 거치고, 결국 결별과 반목으로 끝난 융과 프로이트의 관계는 그러나 심리학계의 '사가(史家)의 절창(絶唱)'이라고 할 만한 결과물을 이끌어냈다.

융은 자신의 '단어 연상 테스트'에서 집단무의식이라는 또 다른 중대 발견을 해냈다. 그는 우리의 인생에는 전형적인 상황들이 존재하며 여기엔 다양한 원형이 있다고 보았다. 그리하여 인간의 심리유형을 8가지로 나누는 심리유형론을 구축해 직업 선택과 인재 채용에 활용할 지표를 제공해주었다. 무엇보다 그는 삶에 자신감을 잃은 중년 환자들을 치료하는 데 탁월한 선구자였다.

다양한 지식을 습득하고 이를 활용해야만 인생이라는 길에 일가를 이룰 수 있다면, 융은 바로 이 말에 딱 들어맞는 인물이었다. 방대한 지식을 쌓아야 먼 길을 갈 수 있다는 사실을 알았기에 그는 문화의 거인이 될 수 있었던 것이다. 사실, 융은 185센티미터의 키에 잘생긴 외모를 지닌 전형적인 서양 미남이었다. 경제적으로는 그리 풍족하지 못했지만, 정신만은 부자였다. 요즘 표현으로 치자면 이른바 '엄친아'였던 셈이다. 그런 그는 사회적 양심을 지닌 심리학자이자 인문주의자이기도 했다.

그랬다. 이게 바로 그였다. 자신의 분야에서 뛰어난 업적을 남긴 사람, 남다른 천성과 기질을 지닌 사람, 심리학·정신의학·정신분석학의 대가라 불리는 사람이 바로 칼 구스타프 융이다.

1961년 6월 5일, 융은 취리히 강변에 있는 자택에서 인생의 마지막 와인을 마시고 여든여섯 살 나이로 세상을 떠났다. 평생 강가에 살겠다는 바람을 이룬 채 말이다.

▼

융은 말했다.

"동시대의 사람들에게 나는 그저 바삐 길을 재촉하는 사람에 불과하다."

그렇다면 현대인들은 융을 어떻게 바라보고 있을까?

철학자의 철학적 사상을 이해하려면 그 뒤에 숨은 이야기를 알아봐야 하듯 심리학자의 이론을 이해하려면 그 안에 담긴 비밀을 탐구해야 하는 법이다. 이제 심리학의 대가였던 그를 알아볼 시간이다.

이 책의 1장은 어린이와 학부모 들에게, 2장은 선생님과 중·고등학생 들에게, 3장은 꿈을 키우는 대학생과 취업준비생 등 청년들에게, 4장부터 마지막 장까지는 정신적으로 고통받으며 인생의 갈림길에서 방황하고 있는 중년들 또는 고령의 노인들에게 바치는 선물이다.

이 책을 통해 읽는 생의 존재 의미와 그 가치를 깊이 들여다보는 시간이 되길 바란다. 그럼 지금부터 융에게 다가가 그와 함께 내면의 이야기를 나눠보자.

Prologue●4

Chapter 1
삶의 숨결;
고양이와 강아지는 황새가 물어다 주는 걸까?

Chapter 2
마음의 성장;
문화의 마지막 성과는 인격이다

Chapter 3
꿈의 해석;
그 운명적인 일

Chapter 4
정신적 치유;
연상 테스트의 효험

Chapter 5
달아난 황태자;
엇갈린 운명

Chapter 6
환상의 세계;
남성이 여성의 정신적 지배자가 되다

Chapter 7
무의식;
내용 없는 형식

Chapter 8
인생의 여정;
그는 바삐 길을 재촉하는 사람인가?

Chapter 9
탑에서의 생활;
후세가 평가할 업적

Chapter 1

삶의 숨결;
고양이와 강아지는
황새가 물어다 주는 걸까?

융,
마음이
단단한 사람

융이 아홉 살이던 어느 날, 아버지가 기쁨에 한껏 달뜬 목소리로 말했다.
"오늘 저녁에 네 여동생이 태어났단다."
융은 깜짝 놀라지 않을 수 없었다. 그동안, 평소보다 부쩍 침대에 누워 있는 시간
이 많은 어머니를 보며 참을 수 없이 나약한 존재라고 여겨왔기 때문이다.
아버지의 손에 이끌려 어머니가 있는 침대맡에 선 융의 눈에 '여동생'을 안고 있
는 어머니의 모습이 들어왔다. 처음 마주한 '여동생'이라는 존재는 다소 실망스
러운 모습이었다. 벌겋고 쪼글쪼글한 얼굴은 술에 취해 비틀대며 거리를 배회하
는 노인의 얼굴과 별반 다를 것이 없었고, 두 눈을 꼭 감고 있는 모습은 마치 눈먼
고양이 내지는 강아지 같았다. 뼈와 가죽뿐인 듯 앙상한 등에는 불그스름한 털까
지 나 있어서 훗날 원숭이가 되는 게 아닐까 하는 의구심마저 들었다. 융은 어리
둥절한 채 한참을 바라보며 알 수 없는 묘한 기분에 휩싸였다. 그는 생각했다.
'갓 태어난 아이는 원래 이런가?'
당시 융은 입 밖으로 말을 내지 않았다. 그러나 융의 눈빛에 어린 의문을 읽어낸
그의 부모님은 "아기는 황새가 물어다 주는 거래" 하며 선수 치듯 황새 이야기로
어물쩍 넘어갔다.
하지만 새끼 고양이나 강아지는? 한 번에 여러 마리의 새끼를 낳는 녀석들을 위해
황새는 대체 몇 번의 수고를 해야 한단 말인가? 암소는 또 어떻게 물어다 주고?
황새라면 융도 본 적이 있었다. 몸집이 커다란 새였다. 하지만 어쨌든 새가 아니
던가! 두 날개로 하늘을 나는 그런 새 말이다. 송아지도 본 적 있는 융으로서는 도
대체 황새가 어떻게 송아지를 물고 하늘을 날지 상상되지 않았다.
결국 융은 농장으로 가 다짜고짜 농부들에게 확인했는데, 그들은 이렇게 말했다.
"송아지는 암소가 낳는 거란다."
확실히 송아지는 황새가 물어다 주는 게 아닌 모양이었다.
그랬다. 고양이와 강아지의 새끼를 황새가 물어다 준다는 건 부모님이 융에게 강
요한 사실 아닌 사실이었다.
이 일로 융은 어머니가 자신이 알아서는 안 될 일을 한 게 분명하다고 생각했다.

인생에서의 첫인상

Jung

나의 머릿속에는 이러한 생각이 뿌리를 내렸다.

'난 평생 호숫가에서 살아야지. 물이 없다면 사람은 살아갈 수 없을 거야.'

1875년 7월 26일 아름다운 여름날, 스위스 보덴호 강변에 있는 시골 마을 케스빌의 한 목사의 집에서 아기 울음소리가 들려왔다. 칼 구스타프 융이 태어난 것이다. 그해 융의 부모님은 융을 데리고 라인 폭포 옆 라우펜부르크로 이사 갔다.

당시 융은 6개월 된 아기였다. 따스한 햇볕이 내리쬐던 그 여름날, 어렴풋한 이미지가 융의 기억 속에 자리 잡았다. 그날은 하늘이 유난히 푸르렀고 금빛 햇살이 초록 나뭇잎 사이를 지나 나무 그늘에 있는 유모차로 쏟아졌다.

그때 유모차의 차광막이 열렸다. 유모차에서 이제 막 잠에서 깬 아기 융은 말로 표현할 수 없는 편안함을 느꼈다. 나뭇잎과 꽃 떨기 사이에서 반짝이는 태양을 봤기 때문이다. 어쩜 모든 것이 그렇게 신기하고 다채로우며 아름다운지……

이처럼 찬란하게 아름다운 광경은 융의 인생 최초의 기억이 되었다. 그 기억은 마치 망망대해에 아스라이 떠 있는 작은 섬처럼 덩그러니 남아 있었다.

세 살 무렵, 융은 주방에 있는 높은 의자에 앉아 작은 스푼으로 따뜻한 우유를 떠먹었다. 우유에는 크루통이 뿌려져 있었는데 그 한 스푼이 얼마나 맛있었는지 모른다. 그뿐만 아니라 생전 처음 맡아본 우유의 향 또한 정말 특별했다. 그때부터 융은 후각이라는 것이 있음을 알았다.

어느 아름다운 날의 초저녁, 이모를 따라 외출했던 융은 저 멀리 알프스 산맥이 노을의 붉은빛에 반짝이는 모습을 목격했다. 그때 이모가 스위스 방언으로 융에게 소리쳤다.

"저기 좀 봐. 산이 온통 붉게 물들었어."

융은 이모 역시 알프스를 봤다는 사실을 알았다.

융이 태어난 보덴호 강변에는 성 하나가 있었다. 하루는 어머니가 융을 데리고 그곳으로 친구를 만나러 갔는데 성에 난 창문을 통해 바라본 보덴호의 풍경에 융은 그만 넋을 잃고 말았다. 호수의 나룻배가 일으킨 물결이 강기슭까지 와 닿는 모습이며, 햇살이 부서져 반짝이는 물빛이며, 물보라가 만들어 낸 물밑의 작은 모래 웅덩이까지……. 그는 당장이라도 뛰어

내려가 호수에 맨발을 담그고 싶다고 생각했다.

그 끝을 알 수 없을 만큼 먼 곳까지 펼쳐진 호수와 반짝반짝 빛나는 너른 수면은 융에게 그야말로 형용할 수 없는 기쁨을 안겨주었다. 눈에 담을 수 있는 것 중 이토록 아름다운 게 또 있었을까! 그 아름다움은 무엇과도 비교할 수 없을 것 같았다. 바로 그 순간 융의 머릿속에는 이러한 생각이 뿌리를 내렸다.

'난 평생 호숫가에서 살아야지. 물이 없다면 사람은 살아갈 수 없을 거야.'

물론 융이 느낀 인생에서의 첫인상은 훗날 저명한 심리학자가 된 그에게 상당한 영향을 미쳤다.

그런 의미에서 우리는 모두 자신에게, 타인에게 그리고 이 사회와 미래에 가장 아름다운 첫인상을 남기도록 노력해야 한다.

▼

'죽음'이란 무슨 뜻일까?

Jung

이 일로 나의 무의식 속에는 자살 충동, 또는 이 세상을 살아가는 것에 대한 강력한 반발심이 존재한다는 사실이 명확해졌다.

융이 '죽음'이라는 단어를 처음 접한 건 네 살이 채 안 되던 해였다.

"어부들이 죽은 사람을 발견했대요."

"물살에 휩쓸려 폭포에서 떨어졌다지 뭐예요."

낯선 사람들의 흥분한 목소리에 온 마을이 떠들썩한 가운데 하녀가 소리쳤다.

"어린아이인데, 사람들이 아이를 세탁실로 옮겨야 할 것 같대요. 그래도 될까요?"

마침 융과 그의 부모님은 웅성거리는 소리를 듣고 밖으로 나온 참이었다. 지시를 기다리는 하녀에게 아버지는 말했다.

"그래요! 그래요!"

아버지는 대답하며 정원에 있는 세탁실로 향했다. 융도 잽싸게 그 뒤를 따랐지만, 곧 어머니의 손에 이끌려 돌아와야 했다. 심지어 어머니는 정원에 가는 것을 엄격하게 금지했다. 세탁실이 바로 정원에 있었기 때문이다. 네 살이 채 되지 않은 융은 너무나 궁금했다.

'죽는다는 게 무슨 뜻이지?'

높은 곳에서 물줄기가 시원하게 떨어지는 폭포는 정말 아름답고 장관이 아니던가! 그 폭포에 맞으면 시원하고 기분도 좋을 것 같은데 왜 어른들은 '죽음'이라는 단어를 얘기하는 걸까?

융은 '죽음'의 비밀을 알아내고 싶다는 생각을 멈출 수 없었고, 결국 모든 사람이 돌아간 후 몰래 집에서 빠져나와 세탁실로 향했다. 하지만 세탁실의 문은 굳게 잠겨 있었다. 그는 세탁실을 끼고 그 주변을 한 바퀴 돌아봤지만, 어른들이 말한 '죽은' 아이는 볼 수 없었다. 그저 세탁실 뒤쪽 배수관에서 가느다란 물줄기와 함께 새빨간 피가 흘러나오는 걸 발견했을 뿐⋯⋯.

당시 융은 끝내 '죽음'이 무엇인지 그 실체를 알아내지 못했다. 물론 이 넓은 세상 곳곳에 위험이 도사리고 있다는 사실도 그때는 알 수 없었다.

▼

그러나 위험은 융의 주변 어디에나 존재하고 있었다. 한번은 계단에서 미끄러져 넘어졌고, 또 한번은 난로의 한쪽 귀퉁이로 넘어져 머리에 상처까지 났다. 부딪힌 머리는 너무너무 아팠고 상처에서는 그가 네 살 때 배수관에서 본 것과 똑같은 피가 흘렀다. 의사 선생님이 상처를 꿰매줄 때 그는 생각했다.

'그 폭포에서 떨어졌다는 아이는 지금의 나와 같았을까?'

그때까지만 해도 융은 아직 '죽음'이 무엇인지 이해하지 못했다. 이마의 상처는 그가 김나지움(인문계 중등 교육기관이자 대학 입학을 위한 준비 교육기관)을 다닐 때까지 남아 있다가 마지막 학년이 되어서야 비로소 완전히 사라졌다.

그 외에도 융에게 가장 인상적인 기억으로 남은 사건이 있었다. 그 일 이후부터 부모님이 항상 '조심해라!'를 입에 달았다. 사건의 전말은 이랬다.

그날 어머니는 융을 데리고 노이하우젠으로 향했다. 하녀도 동행한 외출이었다. 문제는 노이하우젠에 가려면 반드시 라인 폭포를 지나야 한다는 것이었다.

그날도 라인 폭포는 정말이지 아름다웠다. 마치 전설 속 동화 세계로 들어가는 듯한 기분이랄까? 융은 폴짝폴짝 뛰면서 다리를 건너랴 폭포를 구경하랴 정신이 없었다. 어쩌면 어머니도 아름다운 폭포에 매료되었는지 '경치를 구경할 땐 걸음을 멈추고, 걸을 땐 경치를 감상하지 말라'는 말을 깜빡했다.

순간 융의 다리가 미끄러운 교량의 노면에서 중심을 잃었고 그는 작은 몸을 휘청거리며 다리 난간으로 쓰러졌다. 한쪽 다리가 이미 난간 밖으로 빠지는 아찔한 상황이었지만, 다행히 하녀가 그를 붙잡았다.

"큰일 날 뻔했네, 큰일 날 뻔했어! 아니었으면……."

어머니는 깜짝 놀라 소리쳤고 이내 안도했는지 아니면 뒤늦게 두려움이 밀려왔는지 두 손으로 입을 막으며 뒷말을 삼켰다.

이후 어머니가 그 일을 이야기하며 주의를 줄 때면 융은 궁금함을 참지 못하고 질문을 던졌다.

"아니었으면 어떻게 되는 건데요?"

그의 끈질긴 질문에 질린 어머니는 어쩔 수 없이 한마디를 더했다.

"아니었으면 들것에 실려 세탁실로 들어간 그 아이처럼…… 죽있을 거야."

융은 '와! 나도 죽을 수 있구나!' 하며 큰 깨달음을 얻었다.

이 일로 융은 다시 한 번 자신의 무의식 속에 자살 충동, 또는 이 세상을 살아가는 것에 대한 강력한 반발심이 존재한다는 사실을 명확히 알 수 있었다.

폭포에서 사고를 당하지 않은 융은 확실히 행운아였다. 그러나 융은 그 일을 겪은 뒤 한동안 매일 밤 묘한 공포감에 사로잡혀 무언가가 방 안을 걸어 다니는 것 같은 환청을 들었고, 라인 폭포의 묵직한 포효를 들을 때마다 곳곳이 위험 지대라

▼

는 생각을 떨쳐버리지 못했다.

그 후 누군가 물에 빠져 죽었다는 소식이 들려올 때마다 낯익은 광경이 반복되었다. 시신은 예외 없이 바위 위로 떨어졌다고 했고, 그러면 융의 아버지는 목사 가운을 입고 추도연설을 했으며, 여성들은 눈물을 흘렸다.

원래 이곳에 있었던 사람들인데 갑자기 존재하지 않게 되어버린 그들은 어디로 갔을까? 융이 들은 바로는 그들 모두 땅에 묻혔으며 하나님의 부름을 받았다고 했다.

아버지의 품도 따뜻하다

Jung

그 노래는 이렇게 시작했다.

'사방이 고요해지면 사람들은 모두 잠을 청하지요……'

나는 지금까지도 늦은 밤 나에게 자장가를 불러주던 아버지의 나지막한 목소리를 기억한다.

아버지는 체구가 산처럼 크고 건장했다. 등은 벽처럼 쭉 곧았고 그 품은 포근한 침대 같았다.

아버지는 목사였다. 물론 그렇다고 항상 목사 가운을 입고 무덤 앞에서 추도연설만 하는 것은 아니었다. 집에서는 다정다감하게 '사방이 고요해지면 사람들은 모두 잠을 청하지요'로 시작되는 자장가를 불러주기도 했다. 이게 바로 융의 아버지였다.

1878년 세 살 먹은 융이 병치레했을 때, 마침 어머니는 융의 곁에 없었다. 그의 어머니는, 훗날 융이 알게 된 바에 따르면 바젤의 병원에 입원 중이었다.

그러나 융은 너무 어렸기에 어머니가 편찮으신 이유를 알 수 없었다. 그저 어렴풋하게나마 부모님의 결혼생활에 문제가 생겼나 보다 생각했을 뿐이다.

어머니의 부재에 융은 진심으로 힘들어했고, 결국 병이 났다. 일반적인 습진이라 그리 심각한 것은 아니었지만, 어머니가 없다는 사실이 심리적 스트레스를 가중시킨 탓인지 그의 병은 실제보다 훨씬 심각해 보였다.

열이 올라 잠을 청할 수도 없었던 어린 융은 울며불며 보챘다. 어머니가 없으니 우는 아이를 달래는 일은 아버지 몫이었다. 아버지는 융을 들어 올려 자신의 품에 안고는 방 안을 왔다 갔다 하며 아마도 이버지가 어렸을 때, 혹은 학교 다닐 때 불렀을 법한 오래된 노래를 불러주었다. 그중에서도 융은 '사방이 고요해지면 사람들은 모두 잠을 청하지요'로 시작되는 노래를 가장 좋아했다.

아버지가 이 노래를 시작하면 융은 그제야 안정을 찾고 울음을 그치곤 했다. 하지만 융이 항상 아버지의 노랫소리에 잠이 든 것은 아니었다. 때로는 융도 초롱 같은 눈으로 아버지를 뚫어지게 바라보았다. 얼굴이 위로 향하게 안겨 있었기 때문에 가능한 일이었다.

▼

이렇게 품에 안겨 올려다봐야만 볼 수 있는 아버지의 얼굴은 그가 간직한 어린 시절의 기억 한 조각으로 꽤 오랫동안 가슴에 남았다. 특히 아버지의 움직임에 따라 함께 몸이 이동하는 느낌은 아버지의 품에 안겨 있다는 사실을 실감하게 해 정말 좋았다! 아버지의 품은 단단하고 또 따뜻했다! 물론 융이 아버지에게서 따뜻함을 느낀 것은 그 품에서만이 아니었다.

1879년 융의 가족은 바젤 근교의 클라인휘닝겐으로 또 한 번 이사를 갔다. 그리고 1883년의 어느 저녁 아버지가 또 그를 안아주었다. 융이 울며 보채지도 않았는데 말이다. 처음에 융은 아버지가 왜 자신을 안아주는지 영문을 몰랐다. 하지만 그래도 아버지의 따스한 품 안은 좋았다. 전과는 달리 이번에는 허리를 곧추세운 채였다. 아버지는 융을 안고 집 서쪽에 나 있는 현관으로 갔다. 한 손으로는 융의 엉덩이를 감싸고 다른 한 손으로는 바깥 풍경을 가리키고 있었다.

때는 마침 황혼 무렵이었다. 융이 아버지의 손끝을 따라 시선을 옮긴 서쪽 하늘은 푸른빛을 뿜어내며 불타고 있었다. 1883년 크라카타우 화산 폭발이 만들어낸 장엄한 풍경이었는데, 아버지 덕분에 융은 실컷 눈요기했다.

그 외에도 아버지는 융을 데리고 동쪽 지평선상의 커다란 혜성을 보러 가기도 했다.

이것이 바로 융의 아버지가 유년 시절의 융에게 남긴 이미지였고, 이로써 융은 '아버지의 태산 같은 사랑'을 느낄 수 있었다.

잔소리하는 것은 나쁜 습관이다

Jung

어머니에게는 얄미운 습관이 있었다. 내가 외출하려고 할 때면 항상 내 뒤꽁무니를 쫓아 나와 온갖 당부의 말을 쏟아내는 것이었다.

'자식은 어머니가 못생겼다고 싫어하지 않고, 개는 집이 가난하다고 싫어하지 않는다'는 중국 옛말이 있는데, 이 말은 서양에서도 통하나 보다.

물론 융의 어머니는 미인이었다. 유전학적으로 봤을 때 이는 의심할 나위 없는 사실이다. 어린 시절 융의 준수한 외모를 봐도 어머니를 닮은 것이 틀림없다. 적어도 조금은 닮은 구석이 있었을 테니 말이다!

어쨌든 융의 눈에 어머니는 어떻게 봐도 아름다운 분이었다. 그럼에도 융을 못 견디게 만드는 것이 있었으니, 그건 바

▼

로 어머니의 잔소리였다. 그래서 때로는 어머니의 잔소리에 어깃장을 놓는 심정으로 상황을 더욱 악화시키기도 했고, 때로는 어머니에게 미주알고주알 털어놓지 않길 잘했다고 느끼기도 했다.

여섯 살 때 부모님이 그를 데리고 아를레스하임으로 여행을 간 적이 있었다. 융은 그때 어머니가 입었던 옷을 평생 잊지 못했다. 당시 젊었던 어머니는 까만 천으로 만든 옷을 입었는데 거기에는 초승달 무늬가 가득 새겨져 있었다. 날씬한 허리에 잘 맞는 단정한 차림이었다. 융은 그날 어머니의 옷차림에서 여인의 우아함뿐 아니라 아름다운 밤하늘을 보았다.

훗날 어머니도 노쇠해지며 살이 쪘지만, 이는 융의 마음속에 자리 잡은 어머니의 이미지에 조금도 영향을 주지 않았다. 융이 싫어하는 건 어머니의 잔소리였다.

"아빠, 엄마를 대신해서 인부 지하는 깃 잊지 밀아라. 콧물 닦아라."

어머니는 으레 대로변까지 융의 뒤꽁무니를 쫓아 나와 큰 목소리로 온갖 잔소리를 늘어놓았다.

"애, 손수건은 챙겼니? 손은 씻었고?"

그날 융은 초대를 받아 외출하던 참이라 가장 좋은 옷을 챙겨 입고 신발도 윤이 나게 닦아 신었다. 머릿속에는 이미 자신이 가야 할 목적지와 공공장소에서 자존심을 지키려면 어떤 모습을 보여야 하는지도 계산이 선 상황이었다. 아마도 이런

▼

게 자신의 작은 자존심과 허영심을 지키는 융 나름의 방법이었을 것이다. 그러나 사람들에게 흠잡을 데 없는 이미지를 보여주려 했던 융의 노력은 어머니의 잔소리에 물거품이 되고 말았고 그 잘난 열등감이 다시 고개를 쳐들었다.

명절에나 입는 가장 좋은 옷을 꺼내 차려입었을 때까지만 해도 융은 자신이 꽤 대단하고 고귀한 사람처럼 느껴졌다. 하지만 어머니의 잔소리는 자신을 초대한 집안의 부와 권세를 의식하지 않으려 꾹꾹 눌러놓았던 그의 마음을 한층 더 예민하게 만들었다.

그리하여 융은 괜한 억울함과 자격지심을 안고 그 집에 도착했다. 그 집은 융이 압도될 만큼 으리으리했다. 그에 비해 자신은 어찌나 보잘것없이 느껴지던지, 쥐구멍이 있다면 당장에라도 들어가고 싶은 심정이었다. 오죽했으면 벨 소리마저도 융의 귀에는 조종(弔鐘, 교회에서 장례식 때 치는 종) 소리 같았다. 융은 위축된 자신의 모습이 불안에 떠는 상갓집 개와 별반 다를 바 없다고 생각했다. 그 순간 융의 머릿속에는 벨 소리와 함께 어머니의 잔소리가 울려 퍼졌다.

"신발이 더럽구나, 손도 더럽고. 손수건 안 챙겼잖니? 목이 꼬질꼬질하네."

그날 융은 일종의 반항 심리로 부모님의 안부를 전하지 않았다.

사실 세상 모든 부모의 마음은 같다. 부모들은 모두 자신의

▼

자식이 잘되길 바란다. 특히 어머니는 자기 자신을 사랑하는 것보다 더 자식을 사랑한다. 그러나 세상의 어머니들이 간과하는 사실이 있다. 바로 자신들의 지극한 자식 사랑이 때로는 잘못된 표현 때문에 역효과를 낼 수도 있다는 것이다.

자신의 작은 실수로 아이의 어린 마음에 지울 수 없는 상처가 남는 걸 보고 싶은 부모는 아마 없을 것이다. 그러니 부모라면 자식을 어떻게 사랑해야 하는지를 배우고 잔소리는 넣어두자. 단언컨대 잔소리를 하는 건 나쁜 습관이기 때문이다. 심리학자 융의 성장 경험이 바로 그 증거이니, 부디 의심은 거둬라.

결혼생활, 아이를 위한다면 신중해야 한다

Jung

꽤 긴 시간 동안 내게 '여자'란 못 미더운 존재, '아버지'란 믿음직스럽지만 힘없는 사람이라는 고정관념이 있었다. 그랬다. 나는 일종의 트라우마를 가지고 인생을 시작했다.

융은 줄곧 부모님의 결혼생활이 순탄치 않다는 사실을 어렴풋이 느끼고 있었다.

1878년에 자신이 아팠던 것도 분명 부모님의 일시적인 별거와 관련이 있다고 융은 생각했다. 아마 어머니가 바젤의 병원에 몇 개월 동안 입원했던 이유도 결혼생활에서의 문제 때문이리라.

어머니가 떠난 후 어머니보다 나이가 스무 살 가까이 많은 하녀가 융을 돌봐주었다. 융은 그녀를 이모라고 불렀는데 이

모는 노처녀였다. 이모는 최선을 다해 융을 보살폈다. 융이 울 때면 어김없이 융을 안아 올렸는데 그녀의 어깨에 얼굴을 파 묻던 그 장면은 융의 마음 깊이 남았다.

헤어스타일과 짙은 피부색, 심지어 목이며 귀까지 이모는 어머니와 전혀 딴판이었다. 그래서인지 융의 눈에는 이모의 모든 것이 신기했다. 낯설지만 묘하게 친숙한 느낌이랄까? 이 모와 같은 유형의 아가씨는 훗날 융의 무의식 속 여성적 요소 인 '아니마(anima)'를 구성하는 일부분이 되었다.

부모님이 별거한 이후 융의 기억에 남은 이미지가 하나 더 있었다. 파란색 눈동자에 금발을 지닌 젊고 아름답고 매력적 인 아가씨가 융을 데리고 소풍을 가 파란 가을날을 만끽하게 해주었다. 그랬다. 그녀가 융에게 '파란' 가을하늘을 보여주 었다. 또한 그녀는 폭포 아래 위치한 뵈르트의 작은 성 근처로 융을 데러가 라인 강을 따라 늘어선 금빛 단풍나무와 밤나무 밑을 한가로이 산책하기도 했다. 당시 융은 나뭇가지 사이를 뚫고 비치는 햇살과 노랗게 물든 나뭇잎이 땅으로 떨어지는 모습을 보았다.

이 아가씨는 훗날 융의 새어머니가 되었다. 그녀가 줄곧 융 의 아버지를 존경했기 때문이다. 그래도 다행인 것은, 융이 스 물한 살 때 비로소 다시 그녀를 만나 '새어머니'라는 존재가 융의 성장에 그리 중요한 역할을 미치지 않았다는 사실이다.

어머니는 집을 떠난 지 몇 개월 만에 다시 집으로, 융 곁으

▼

로 돌아왔다. 부모님은 항상 의견이 엇갈렸다. 어머니는 융의 지적 능력이 또래 아이보다 훨씬 우수하다는 이유로 융을 어른처럼 대했다. 남편에게 하고 싶지 않은 이야기나 부부 사이에 의논할 수 없는 문제들도 항상 융에게 말하곤 했다.

융이 열한 살이던 어느 날, 어머니가 아버지에 관해 털어놓은 이야기는 실로 놀라웠다. 그는 자신이 부모님을 도와야겠다고 생각했고, 급기야 아버지의 친구를 찾아가 도움을 청하겠노라 마음먹었다.

융은 학교를 마친 후 어머니에게 말도 하지 않고 시내로 나갔다. 아버지의 친구를 찾아가기 위해서였다. 하지만 그날 융은 문전박대를 당했다. 그런데 그렇게 외면당한 것이 오히려 다행이었다!

며칠 후 어머니가 다시 그 일을 언급했는데 이번엔 어머니의 태도와 이야기의 내용이 전과는 180도 달랐기 때문이다. 그렇게 그 일에 대한 걱정은 봄눈 녹듯 사라졌다. 이 일로 말미암아 융은 느낀 바가 컸다. 그는 생각했다.

'그 말을 믿은 내가 바보지. 어리석게 진짜라고 믿었다가 하마터면 큰일이 날 뻔했잖아.'

어머니에 대한 믿음이 하락한 융은 그때부터 어머니의 말을 둘로 나눠 생각하기 시작했고, 자신의 가슴속 깊이 자리한 비밀을 그 누구에게도 털어놓지 않았다.

융은 부모님의 잦은 다툼으로 어쩔 수 없이 중재자 역할을 해야 했다. 좋든 싫든 부모님의 시비를 판단하는 것이 두 분의 다툼에서 벗어나는 길이었기 때문이다. 이러한 상황이 꽤 오래도록 반복되면서 융은 모종의 자만심을 갖게 되었다. 자만심은 안 그래도 불안정한 융의 자존감을 풍선처럼 부풀렸다가 한순간 쪼그라들게 만들며 한층 더 불안정하게 만들었다.

결혼은 남녀 두 사람만의 일로, 다른 사람이 간섭할 권한은 없다. 그러나 가정생활에 아이라는 존재가 있다는 사실을 잊지 말아야 한다. 아이는 결코 소홀히 여겨서는 안 될 가정의 중요한 일원으로, 가정의 분위기가 아이의 성장에 미치는 영향은 그 정도를 가늠할 수 없을 만큼 크다. 그러니 아이를 위한다면 결혼생활을 신중히 해야 한다!

사탄이 그를 집어삼키려 한다면
이를 헛되이 하소서

Jung

어머니는 내게 기도하는 법을 가르쳐주시며 매일 밤 꼭 기도해야 한다고 하셨다. 나는 기쁜 마음으로 기도를 했다. 기도하면 불안감이 몰려오는 한밤중에도 나름 편안함을 느낄 수 있었기 때문이다.

"자비로우신 사랑의 예수님, 당신의 날개를 펴소서. 당신의 어린양, 당신의 아이를 품어주소서. 사탄이 그를 집어삼키려 한다면 그것은 헛된 일이라 천사들이 노래하게 하소서!"

어린 시절, 융은 어머니를 따라 이렇게 중얼중얼 기도했다.

어머니는 예수님이 우리에게 안위를 주신다며 그는 착하고 인자한 분이라고 말했다. 성안에 사는 베겐스타인 씨처럼 부유하고 위엄 있으며 어린아이에게 특히 관심이 많다는 말과 함께 말이다.

▼

융은 예수님이 왜 새처럼 날개를 펼치는지 수수께끼였지만, 이를 따져 물을 기회가 없었다. 다만 아이를 어린양에 비유한다는 점과 예수님이 아이를 울며 겨자 먹기 식으로 품어줘야 한다는 사실이 흥미로웠다.

훗날 융은 사탄도 어린양을 탐한다는 이야기를 들었다. 사탄이 어린양을 잡아먹지 못하도록 예수님이 어린양을 품어준다는 것이었다. 융은 그제야 '아, 그런 거였구나!' 하며 큰 깨달음을 얻었다.

'예수님은 어린양으로 비유되는 아이들을 그리 좋아하지는 않지만, 그럼에도 아이들을 품어주는 거였어. 그래야 아이들이 사탄에게 잡아먹히지 않으니까.'

이렇게 생각하니 복잡했던 머릿속이 한결 가벼워지는 느낌이었다.

하지만 그것도 잠시였다. 얼마 후 도무지 이해할 수 없는 이야기를 또 들었기 때문이다. 사람들은 예수님이 아이들 말고 다른 이들도 품어주신다며, 사람들이 땅에 묻히는 것은 곧 예수님의 품에 안기는 것이라고 말했다.

그때부터 융은 예수님을 의심하기 시작했고, 그렇게 쌓인 의심과 생각은 융에게 일종의 트라우마(trauma, 정신적 외상)가 되었다.

어느 무더운 여름날의 일이다. 융은 여느 때와 다름없이 집 앞 길가에 앉아 모래 장난을 하고 있었다. 그 길은 융의 집 앞을 지나 낮은 산으로 이어지다 산비탈에 있는 숲속으로 사라졌는데, 길에서 꽤 멀리까지 내다볼 수 있었다.

융이 한창 모래 장난을 치다 문득 고개를 들었을 때였다. 숲속에서 검은색 도포 차림에 챙이 넓은 모자를 쓴 사람이 걸어오고 있었다. 언뜻 보기에는 여자 옷을 입은 남자 같았다. 그와의 거리가 서서히 좁혀지자 융은 그가 발목까지 내려오는 검은 외투를 입은 남자라는 사실을 확인할 수 있었다. 융은 두려웠다. 불현듯 머릿속에서 '저 사람은 예수회 수도사다'라는 무서운 생각이 들었기 때문이다.

융이 예수회 수도사를 두려워하는 데는 이유가 있었다. 며칠 전 아버지와 손님이 예수회의 은밀한 행동에 관한 이야기를 나누는 걸 엿들은 터였다. 분노와 두려움이 뒤섞여 있던 아버지의 말투에서 융은 자신이 가장 존경하는 아버지조차 위협을 느낄 만큼 예수회 수도사는 위험한 존재라고 인식했다. 사실 융은 '예수'라는 단어에만 익숙했을 뿐 예수회의 수도사가 뭘 하는 사람인지도 몰랐지만 말이다. 그때 융은 생각했다.

'산에서 내려오고 있는 저 검은 옷을 입은 사람은 분명 위장을 한 걸 거야. 아니면 왜 여자 옷을 입었겠어?'

생각할수록 두려움이 엄습해 결국 그는 허둥지둥 집으로 들어가 계단을 뛰어 올라가서는 다락방 한구석의 가장 어두컴컴한 대들보 아래 몸을 숨겼다.

얼마나 시간이 흘렀을까. 큰마음 먹고 아래층으로 내려가 조심스럽게 주변을 살폈을 땐 검은 옷을 입은 사내는 그림자도 찾아볼 수 없었다.

그날 이후로 꽤 오랫동안 융은 공포감에 사로잡혀 집 밖으로 나갈 엄두를 내지 못했다. 훗날 다시 길가로 나와 놀기는 했지만, 나무가 울창한 산비탈은 여전히 그에게 불안과 경계의 대상이었다. 풀잎이 바람에 스치기만 해도 화살에 놀란 새처럼 황급히 몸을 숨겼다.

물론 아주 오랜 시간이 지난 뒤 융은 그 검은 옷을 입은 사람이 그저 악의 없는 가톨릭 신부였을 뿐임을 알게 되었다. 아마 거의 모든 아이가 '검은 옷을 입은 사내'에 대해 막연한 두려움을 가지고 있겠지만, 융의 두려움은 조금 달랐다. 융은 그를 예수라고 인식했으니까 말이다.

달아날 수 없는 어둠의 세계 때문에

Jung

나는 그들과 함께 어울리며 온갖 장난을 쳤다. 그중에는 집에서는 절대 하면 안 되는 못된 장난도 더러 있었다. 물론 나는 나 혼자도 얼마든지 그런 일들을 꾸밀 수 있다는 걸 잘 알고 있었다.

융은 여섯 살 때 참 많은 일을 겪었는데, 그중 하나가 바로 난생처음 예배당에 간 것이었다. 때마침 부활절 주간이던 그 날 부모님은 융을 데리고 예배당에 도착했다. 어머니가 융에 게 말했다.

"이곳이 가톨릭 성당이란다."

낯선 공간에 융은 두려움과 호기심을 느꼈다. 그는 몰래 부 모님 곁을 벗어나 활짝 열려 있는 문 안쪽을 바라보았다. 그의 시선이 닿은 곳에는 부활절을 맞아 새롭게 단장한 제단이 있었고 제단 위에는 불이 밝혀진 커다란 초가 놓여 있었다.

나중에야 알았지만 그렇게 큰 초에는 부활절 주간에만 불을 붙인다고 했다. 어쨌든 융은 성당을 구경하느라 정신이 팔렸고, 그 순간 그만 계단에 걸려 넘어져 쇠붙이에 턱을 찧고 말았다. 턱에서는 바로 피가 흘렀다.

"오, 마이 갓!"

저도 모르게 터져 나온 융의 외침은 성당 안에 있던 사람들을 놀라게 하기에 충분했다. 융의 목소리임을 눈치챈 부모님은 황급히 융에게 달려왔고, 아버지가 융을 안아 올렸다.

"아야야, 너무 아파요!"

아버지의 품에 안긴 융은 더 큰 목소리로 소리를 쳤다. 그때 융의 기분은 참으로 묘했다. 사람들에게 주목을 받아 창피하기도 했지만, 다른 한편으로는 뭔가 금지된 일을 저질렀다는 생각이 들었기 때문이다.

집으로 돌아온 융은 부모님의 꾸지람이 날아들기 전에 미리 고개를 치켜들고 조금은 과장된 표정으로 변명을 늘어놓았다.

"예수님, 녹색 장막, 사람을 잡아먹는 괴물의 비밀…… 가톨릭 성당은 이런 예수회 수도사들과 관련이 있는 거죠? 내가 걸려 넘어지고 아픔에 소리친 건 전부 그들 탓이에요!"

아버지와 어머니는 아들의 말에 더는 아무 말도 하지 않았다.

이 일 때문에 이후 몇 년간 융은 성당에 발 들이는 걸 꺼렸다. 성당에 가면 또다시 넘어지고 피를 흘리는 일이 반복될 것만 같아 두려웠고, 예수회 수도사들 역시 두려운 존재였기 때문이다.

융에게 성당은 곧 넘어지고 피를 흘리는 공간이었다. 마치 그곳에서는 그런 게 당연한 분위기처럼 느껴졌다고나 할까? 하지만 바로 그런 분위기가 융의 마음을 끌어당기기도 했다. 다만 신부님이 다가올 때마다 커지는 불안감은 극복할 길이 없었고, 결국 서른이 넘어서야 빈의 성 스테판 성당에서 비로소 이러한 위압감을 떨쳐낼 수 있었다.

엄밀히 따지면 성당에서 있었던 모든 일은 그저 우연히 발생한 일일 뿐 융이 장난을 친 거라고 볼 수는 없다. 그러나 여섯 살이던 그해는 융에게 일종의 분수령과도 같았다. 여섯 살이 지남과 동시에 유아기에 작별을 고하고 초등학교에 진학해야 했기 때문이다.

아버지가 시골 마을의 교회 목사로 일했기에 융도 시골 마을의 초등학교에 진학했다. 학교 다니며 생긴 가장 큰 변화는 마을 친구를 여럿 사귀게 되었다는 점이다. 친구들과 함께하는 시간은 집에 있을 때와는 전혀 달랐다. 융은 친구들과 어울리며 온갖 짓궂은 장난을 쳤다.

융은 못된 장난처럼 보이는 이 놀이들은 집에선 절대 할 수 없을 것이라는 걸 알고 있었다. 놀이 자체를 놓고 본다면 혼자서도 충분히 생각해낼 수준이었다. 하지만 그는 그렇게 할 수도 없고, 하지도 않을뿐더러 부모님 역시 허락하지 않았을 것이었다. 그런 의미에서 융은 마을 친구들에게 고마웠다. 친구들과 함께 어울리며 세상이 얼마나 다채로운지를 알게 되었으니 말이다.

사실 융이 짓궂은 장난에 몰두한 데에는 그가 달아나고 싶어도 달아날 수 없는 어둠의 세계가 존재함을 어렴풋하게나마 느꼈기 때문이다. 융이 초록 나뭇잎 사이로 황금빛 태양이 비치는 밝은 세상의 아름다움을 알아갈수록 어둠의 세계에서 벗어날 수 없을 거라는 예감도 들었다.

사람은 누구나 약점을 가지고 있다. 누군가는 높은 곳을 무서워하고, 누군가는 어둠을 두려워하며, 또 누군가는 연체동물을 무서워한다. 이러한 두려움 때문에 오는 긴장을 완화하기 위해 사람들은 주의력을 분산시키는 방법을 택한다. 예컨대 성인은 음주 가무, 박장대소, 또는 눈물 흘리는 방법 등으로 긴장감을 떨쳐낸다.

한편 아이들에게 가장 좋은 긴장감 완화 방법은 바로 주어진 삶의 틀에서 벗어나 짓궂은 장난을 치는 것이다. 가볍게 놀이를 하면서 스트레스와 두려움 등의 문제를 해소하는 식이다. 그러니 짓궂은 장난을 즐기지 않을 이유가 무엇이겠는가? '정도'만 지킨다면 전혀 문제 될 것이 없다.

▼

유치한 놀이, 그 이면에 드러나는
예민하고 상처받기 쉬운 마음

Jung

이렇듯 전혀 유치하지 않은 행동은 한편으로는 예민하고 상처받기 쉬운 마음과, 다른 한편으로는 고독했던 유년 시절과 연관이 있었다. 나는 나 혼자 내 방식대로 놀 수밖에 없었다.

"정말 너무 유치하고, 시시해."

항상 이런 말들이 융의 귓가에 맴돌았지만, 융에게는 이를 신경 쓸 겨를이 없었다. 그는 자신의 방식대로 혼자 놀 수밖에 없었기 때문이다. 융은 다른 사람이 자신이 노는 모습을 지켜보는 게 싫었고, 다른 사람에게 방해를 받고 싶지도 않았다. 남에게 이러쿵저러쿵 말을 듣는 건 더더욱 싫었다.

일고여덟 살 무렵의 융은 블록 놀이를 좋아했다. 블록으로 탑을 쌓고 다시 '지진'을 일으키듯 이를 무너뜨리기를 반복하며 지칠 줄 모르고 놀이에 몰두했다. 그 외에도 전투, 포위, 공격, 해전 등의 장면을 묘사한 그림을 그린 다음 스케치북 전체를 잉크로 칠한 뒤 얼룩으로 가득한 그 그림을 놓고 기발한 해석을 하며 노는 걸 즐겼다. 혼자 상상의 나래를 펼치는 놀이였지만 꽤 생동감이 있었다.

1879년, 융의 가족은 바젤 근교의 클라인휘닝겐으로 이사 갔다. 그들의 새로운 보금자리는 18세기에 지어진 목사관이었다. 집에는 아주 어두침침한 작은 방이 하나 있었는데 장식에 꽤 많은 신경을 썼는지 벽면에 오래된 그림들이 잔뜩 걸려 있었다. 그중에는 옛 바젤의 풍경을 담은 그림도 있었다.

융은 틈만 나면 다른 방과는 단절된, 그 어두침침한 방에 들어가 그림 앞에 자리를 잡고 앉아서는 오래도록 생각에 잠겼다. 그 오래된 그림들은 어린 시절 융이 아는 한 유일하게 아름다운 물건이었나.

목사관에는 화원도 있었는데 그곳에는 커다란 돌덩이들로 쌓아 올린 오래된 담이 있었다. 담을 굳이 '오래된 담'이라고 표현한 이유는 돌덩이들 사이로 커다란 틈이 벌어져 거의 굴을 형성할 정도로 그 담을 쌓아 올린 지가 한참 되었기 때문이다.

아홉 살의 융은 자주 그 굴에서 작은 모닥불을 지폈다. 다른 아이들은 그를 도와 나뭇가지를 구해주는 역할을 했을 뿐 모닥불을 관리하는 건 오직 융 한 사람이었다. 융은 활활 타오르는 불꽃에서 신성한 빛을 느꼈다.

오래된 담 앞쪽에는 비탈이 나 있었는데 거기에는 유독 솟아오른 돌 하나가 박혀 있었다. 혼자 있을 때면 융은 으레 그 돌 위에 앉아 시간을 보냈다. 그러다 보면 저도 모르게 생각의 날개가 펼쳐져 본인이 생각하기에도 터무니없는 생각들이 꼬리에 꼬리를 물었다.

'나는 지금 돌 위에 앉아 있고, 돌은 내 밑에 있어. 하지만 돌의 입장에서는 어떨까?'

융은 이런 문제에 대해 고민하고 또 고민했다. 융은 돌도 '나'라고 말할 수 있지 않을까 생각했다. 그렇다면 '내가 이 비탈에 누워 있고, 그가 내 위에 앉아 있다'라고 생각할 수도 있겠다 싶었다. 그러자 또 다른 문제가 꼬리를 물었고 융은 혼란스러웠다.

'나는 돌 위에 앉아 있는 나일까, 아니면 위에 그가 앉아 있는 돌일까?'

한번 돌 위에 앉았다 하면 몇 시간은 기본이었던 융은 이 수수께끼 같은 문제에 빠져 헤매기 일쑤였지만 은연중에 자신과 그 돌이 비밀스러운 관계를 가지고 있음을 느꼈다.

그로부터 30년 후 가정을 꾸려 자녀와 집을 갖고 어엿한 사회적 지위도 지닌 남성이 되어 융은 다시 어린 시절 자신이 자주 찾던 그 비탈에 섰다.

그 순간 융은 어린아이로 돌아감을 느꼈다. 비밀스럽게 모닥불을 지피고 돌 위에 앉아 돌이 나인지, 내가 돌인지를 고민하던 그 의문 많던 남자아이로 말이다.

30대의 융은 아를레스하임 부근에 매장되어 있는 영혼의 돌과 오스트레일리아의 추링가(churinga, 토템이 새겨진 돌이나 나무 조각 등으로 신성의 상징임)를 연구하다 문득 자신의 마음속에 검은색을 띤 직사각형의 돌 이미지가 존재함을 깨달았다.

융은 처음으로 고대의 심리적 요인은 어떠한 직접적인 전승관계도 없이 개인의 마음에 파고들며, 참으로 유치해 보이는 놀이들도 예민하고 상처받기 쉬운 마음을 나타낸다는 생각을 하게 되었다.

안정감, 잠깐 스쳐 가는 빛처럼
유년 시절의 영원함을 비추다

Jung

나는 다른 사람이 알 수 없으며 그 누구도 가질 수 없는 것을 소유했다는 데 안정감을 느꼈고 그 안정감에 만족했다. 이는 영원히 저버릴 수 없는 비밀이었다. 내 삶의 안정감이 그 비밀에서 비롯되었기 때문이다. 왜 그런지 그 이유에 대해 자문해보지는 않았다. 그냥 자연스럽게 그런 느낌이 들었다.

마음속에 꼭꼭 숨겨놓느라 가슴을 답답하게 하는 그 비밀은 마치 공기 중에 산소가 부족한 것처럼 삶의 숨통을 조여왔다. 융은 이대로는 안 되겠다며 반드시 이를 해소해줄 뭔가를 찾아 안정감을 얻어야겠다고 생각했다. 그렇지 않으면 사람은 무너져내리고 말 것이라면서 말이다.

그러던 중 그해 드디어 순간 번쩍하는 번갯불이 융의 유년 시절을 비춰주었다. 융이 열 살 때였다. 융은 자기 자신의 분

▼

열과 세상의 불확실성의 영향을 받아 자신도 이해할 수 없는 행동을 하게 되었다.

초등학교에 다니던 융에게는 노란색으로 칠을 한 필통이 있었다. 초등학생이라면 누구나 가지고 있는, 달리 특별할 것 없는 필통이었다. 필통 안에는 연필과 연필깎이용 칼 등 공부에 필요한 물건들이 담겨 있었다. 그 외에도 융은 작은 자물쇠 하나와 자를 가지고 있었다. 물론 자는 나무로 만들어진 것이었다.

언제부터였는지는 모르지만, 융은 연필깎이 칼을 들어 나무자의 끄트머리에 무심코 조각을 하기 시작했다. 이리 파고 저리 깎으면서 네모나던 자의 끄트머리는 조금씩 난쟁이로 변해 갔다. 난쟁이는 대략 2.5센티미터 정도의 크기였는데 예복 차림에 높은 모자를 쓰고 반짝반짝 빛나는 검은 구두를 신고 있었다. 물론 구두는 융이 직접 잉크로 물을 들인 것이었다.

융은 자신의 자 끄트머리에 난쟁이를 만들고 이를 필통 안에 보관했다. 융은 필통에 난쟁이를 위한 작은 침대를 마련해 주고 양털로 외투를 만들어 입히기도 했다. 이렇게 난쟁이에게는 '집'뿐만 아니라 '침대'와 '옷'까지 있었다.

이 밖에도 융은 라인 강변에서 반질반질하고 길쭉한 검은 돌을 주워다 위아래를 나눠 곱게 색을 입혔다. 융은 꽤 오래 이 돌멩이를 바지 주머니에 넣고 다니다가 결국 큰 결심을 했다. 이 돌을 필통에 넣어 난쟁이에게 선물하기로 한 것이다.

▼

그리하여 난쟁이는 '자신'만의 돌멩이도 갖게 되었다.

이 모든 일은 융 혼자만의 비밀로, 남몰래 조용히 진행되었다. 융은 이 필통과 필통에 담긴 모든 것을 몰래 집 꼭대기에 있는 다락방으로 가져가 대들보 위에 감추어두었다. 융이 그곳을 선택한 이유는 안정성 때문이었다. 일단 마룻바닥이 이미 썩기 시작해 다락방은 진즉 출입금지 된 공간이었고, 대들보의 한 귀퉁이는 다른 사람들의 눈에 잘 띄지 않는 곳이라 들킬 염려도 없었다.

한마디로 누가 이 비밀을 알아채거나 깨뜨릴 수 없었던 것이다. 융은 상당한 만족감과 안도감을 느꼈고 내적 갈등으로 말미암은 고민도 단번에 날려버렸다.

그 후로 융은 무슨 잘못을 했거나 마음 상하는 일이 있을 때, 아버지가 불같이 화를 내거나 어머니의 병세가 악화되어 우울해질 때 능능 일이 마음처럼 되지 않을 때마다 은밀히 포장해 숨겨놓은 난쟁이와 예쁘게 색을 입힌 그 반질반질한 돌멩이를 떠올렸다.

난쟁이와 돌멩이는 그야말로 융의 정신적 고향을 상징하는 '토템'이었다. 융은 사람들의 눈을 피해 일정 간격에 한 번씩 자신의 '토템'과 만남을 가졌다. 다락방에 올라갈 때마다 융은 상자 안에 작은 메모를 넣어두었는데, 거기에는 그만이 알 수 있는 언어가 적혀 있었다. 메모 하나를 추가할 때마다 융은 모종의 엄숙한 의식을 치렀다. 그가 살짝 아쉬움을 느낀 점이 있다면 쪽지를 쓸 때마다 자신이 난쟁이에게 무슨 말을 하고 싶었는지 잘 생각나지 않았다는 것이다.

어쨌든 융은 이 '서신'으로 난쟁이에게 작은 '도서관'을 만들어주었다. 난쟁이와 돌멩이는 융이 마음속 깊이 숨겨둔 비밀을 형상화하려는 최초의 시도였다. 비록 그 시도가 무의식적이며 유치했지만 이로써 그는 크나큰 안정감을 얻었다. 난쟁이를 조각해낸 사건은 융의 유년 시절의 정점이자 끝이었다.

1920년 마흔다섯 살이 된 융은 나뭇가지로 어린 시절에 조각한 그 난쟁이와 비슷한 두 개의 형상을 깎아냈다. 그리고 훗날 그중 하나를 돌에 본떠 퀴스나흐트에 있는 자신의 집 정원에 두고 무의식적으로 그것에 '아트마빅투'라는 이름을 지어주었다. '아트마빅투'란 '생명의 숨결'이라는 뜻이었다.

Chapter 2

마음의 성장;
문화의 마지막 성과는 인격이다

융,
마음이
단단한 사람

열한 살이 된 해는 융에게 매우 특별한 때였다. 바젤의 김나지움에 들어가면서 함께 어울리던 마을 친구들 곁을 떠나 진짜 '큰 세계'로 나아가게 되었기 때문이다. 그러나 그의 운명을 결정지은 건 그가 열두 살이던 1887년이었다. 초여름의 어느 날 시계는 정오를 가리키고 있었다. 오전 수업을 마친 융은 대성당 광장에서 함께 하교하는 친구를 기다리고 있었다.

바로 그때 생각지 못한 일이 벌어졌다. 한 남자아이가 무슨 이유에서인지 융을 세게 밀쳤고 무방비 상태였던 융은 뒤로 넘어지며 길가에 솟아 있던 돌에 머리를 부딪히고 말았다. 그 충격으로 융은 거의 의식을 잃었다.

그러고 보면 융이 정말 돌과 인연이 있기는 있는 모양이다! 어쨌든 융이 거의 의식을 잃었다고 말한 데는 이유가 있다. 돌에 머리를 부딪힌 후 30분가량 어지러움을 느끼기는 했지만 그렇다고 정신을 잃은 것은 아니었기 때문이다. 하지만 융은 자신을 공격한 그 아이에 대한 복수심을 발하며 필요 이상으로 그 자리에 누워 있었다.

융이 공격을 받던 찰나, 그의 머릿속에서는 '이제 더 이상 학교에 갈 필요가 없겠구나!'라는 생각이 스쳐 지나갔는데 과연 그 생각대로였다. 어쩔 수 없이 학교로 돌아가야 할 때나 부모님이 숙제하라고 할 때마다 그는 어김없이 기절하고 말았고, 그렇게 장장 6개월 동안 그는 학교를 쉬었다. 그렇다면 그는 그 시간 동안 어디에서 뭘 했을까?

그는 자신만의 소풍을 즐겼다. 몇 시간이고 공상에 잠겨 가고 싶은 곳 어디로든 떠나는 그런 자유를 만끽했다. 숲속이나 물가에 이젤을 펼쳐놓고 옛 성곽들이 공격을 받아 불타고 있는 모습이나 전투 장면을 담은 만화를 그리기도 했다. 그렇게 세상 사람들과 점점 멀어져가던 어느 날, 그는 문득 깨달았다.

'아, 공부를 열심히 해야겠구나!'

수학, 미술, 체육 과목에서 맛본
세 번의 좌절

Jung

선생님은 대수를 아주 당연한, 불변의 진리로 받아들여야 한다고 말씀하셨지
만 나는 숫자 자체가 무엇인지도 도통 감이 잡히지 않았다.

초등학교에 다닐 때까지만 해도 융은 학교 가는 것을 두려
워하지 않았다. 이미 입학 전에 글을 읽을 줄 알았을 뿐만 아
니라 학교에서도 항상 우등생이었기에 학교 다니기가 수월하
다고 생각했다.

자신이 이해하기 어려운 책은 어머니에게 읽어달라 조르기
도 했다. 그것은 삽화가 많은 어린이 책으로, 외국의 종교 이
야기가 담겨 있었다. 특히 융은 힌두교 중에서도 브라만교, 비
슈누, 시바 등에 관한 삽화에 관심이 많았다.

그러나 김나지움에 진학한 후 융은 학교생활을 따분해하기

시작했다. 그 주요한 원인은 과목 편중에 있었다. 좋아하는 과목에만 집중하고 나머지를 소홀히 하다 보니 수학, 미술, 체육은 낙제점이었다.

융은 전쟁 그림을 그리고 불놀이를 하는 시간에 비해 학교에서 보내는 시간이 너무 많다고 생각했다. 특히 종교 과목은 말할 수 없이 지루했고, 수학은 그야말로 울렁증을 부르는 과목이었다. 수는 꽃도 동물도, 화석도 아닌 그저 계산을 통해 얻어낸 양일 뿐인데 왜 그것을 문자로 대체하고 소리로 나타내는지 도무지 이해할 수 없었다. 요컨대 수는 상상의 여지가 없는 것이 아니던가!

그런데 이상하게도 선생님은 "대수(代數)를 아주 당연한, 불변의 진리로 받아들여야 한다"라고 말했다. 친구들 역시 "대수를 발견한 건 자명한 이치"라며 이를 곧잘 활용했다. 무엇보다 더 최악인 사실은 그 누구도 융의 어려움을 이해하지 못했고, 그 누구도 융에게 숫자란 무엇인지 설명해주지 못했다는 것이었다. 심지어 융 또한 자신이 느끼는 어려움을 제대로 표현할 수 없었다.

물론 선생님은 아주 성심껏 설명해주었고, 결국 융에게 수가 문자가 되는 이 특이한 연산의 목적을 이해시키는 데 성공했다. 그 목적이란 일종의 약분 체계에 도달하기 위한 것으로, 이 체계로부터 많은 수가 간단한 공식으로 정리될 수 있었다.

"아이고, 하나님! 정말이지……."

▼

설명 도중 피곤함에 진땀을 흘리며 몇 번이고 긴 한숨을 내뱉던 선생님은 뒷말을 애써 삼켰다. 그러나 똑똑한 융은 선생님이 눈빛으로 '정말이지, 너 바보니?'라고 말하고 있음을 읽어냈다.

그러나 왜 숫자를 문자로 표현해야 하는가? 이는 그야말로 억지가 아닐 수 없었다. 숫자를 문자로 표현해야 한다면 사과나무를 a로, 상자를 b로, 물음표를 x로 표현할 수도 있지 않은가!

선생님이 평행선에 대한 융의 정의를 노골적으로 무시했을 때도 융은 화가 났다. 평행선이 무한대가 되면 서로 만난다고 말했다가 무시를 당한 것이었는데 융이 보기엔 거의 무지렁이 취급을 받은 것과 별반 다를 게 없었다.

어쨌든 융에게 수학 과목은 두렵고도 괴로운 대상이었다. 물론 좋은 기억력 덕분에 매번 높은 점수를 받으며 얼추 고비를 넘기기는 했지만, 실패에 대한 두려움과 거대한 세상 앞에서 느끼는 보잘것없음에 융은 단순히 수학을 싫어하는 것을 넘어 말로 표현할 수 없는 절망감을 느꼈다. 그리고 이 모든 것은 학교의 이미지를 완전히 망쳐놓았다.

융은 자신이 나름대로 그림에 재능이 있다고 생각했다. 그러나 현실은 그의 자신감을 보기 좋게 무너뜨렸다. 왜냐? 융은 자신의 상상력을 불러일으키는 것들만 그려왔는데, 선생님은 눈먼 그리스 신화의 모형들을 모사하도록 했으니 융이 잘 그릴 리 만무했기 때문이다. 융에게는 좀 더 자연적인 뭔가가 필요하다고 생각한 선생님은 융의 앞에 염소 한 마리를 데려다 놓기도 했지만, 융은 그 과제를 완전히 망쳤다. 결국 그것이 융의 마지막 미술 수업이 되고 말았다.

수학과 미술 외에 융에게 세 번째로 좌절감을 안긴 과목은 체육이었다. 학교는 쓸모도 의미도 없는 잡기를 연습하기 위해서가 아니라 공부를 하기 위해 다니는 거라고 생각한 융은 처음부터 체육 과목을 싫어했다. 이는 유년 시절에 겪은 사고의 후유증이기도 했다. 그때의 기억 때문에 몸을 쓸 때면 저도 모르게 움츠러들었기 때문이다. 이러한 소심증은 이 세상과 세상이 가진 잠재력에 대한 불신과도 어느 정도 관련이 있었다.

융에게 세상은 아름답고 이상적인 곳인 동시에 알 수 없는 위험이 가득한 곳이기도 했다. 그 때문에 융은 항상 자신에게 닥칠 일이 무엇인지, 자신이 누구를 믿어야 할지를 알고 싶어 했다. 아마도 이는 몇 개월 동안 어머니에게 버림받았다는 기억에서 비롯된 것이리라.

어쨌든 훗날 신경성 실신 증상 때문에 의사 선생님이 체육 활동을 금했을 때 융은 드디어 체육 과목이 주는 부담감에서 해방될 수 있다는 데 매우 만족해했다. 비록 세 번째 좌절을 맛봐야 했지만 말이다.

자신이 좋아하는 과목에만 치중하고 다른 과목을 소홀히

하는 경향은 결코 당사자 한 사람만의 문제가 아니다. 그의 지능 문제 또한 아니다. 여기에는 심리적 요인과 외부적 환경 등이 매우 큰 영향을 미친다. 그러니 이에 대한 학부모와 교사, 그리고 사회 각계의 관심을 끌어내야 한다.

병가, 신경증을 앓던 날들

Jung

그 후 30분가량 나는 어지러움을 느꼈다. 공격을 받던 그 찰나, 나의 머릿속
에는 '이제 더 이상 학교에 갈 필요가 없겠구나!' 하는 생각이 스쳐 지나갔다.

융이 공격을 받던 찰나, 그의 머릿속에는 '이제 더 이상 학교에 갈 필요가 없겠구나!' 하는 생각이 스쳐 지나갔는데 과연 그 생각대로였다. 융이 어쩔 수 없이 학교로 돌아가야 할 때나 부모님이 숙제하라고 할 때마다 그는 어김없이 기절하고 말았으니까.

여러 의사를 찾아가 상담을 하고 진료도 받아봤지만, 융의 증세에 대해서는 다들 속수무책이었다. 이에 융의 부모님은 걱정이 이만저만이 아니었다. 그중 한 의사는 융이 간질을 앓고 있는 것 같다고 진단했다. 하지만 간질 발작 증세가 어떤지

를 이미 알고 있던 융은 그 의사의 어이없는 추측에 속으로 코웃음을 쳤다.

결국 의사의 제안으로 부모님은 융을 빈터투어에 있는 친척 집으로 보내 휴식을 취하도록 했다. 융은 그 도시의 기차역에 무한한 관심을 보이며 즐거워했지만, 집으로 돌아온 후 모든 것은 다시 예전 그대로가 되었다.

6개월, 장장 반년 동안 융은 학교에 가지 않았다. 그동안 그는 어디서 뭘 했을까? 그는 신비의 세계에 몰두했다. 그의 신비의 왕국에는 숲, 연못, 늪, 돌, 동물 그리고 아버지의 서재가 있었다.

융은 자신만의 소풍을 떠나기도 했다. 몇 시간이고 공상에 잠겨 가고 싶은 곳 어디로든 떠나는 그런 자유를 만끽했다. 숲 속이나 물가에 이젤을 펼쳐놓고 옛 성곽들이 공격을 받아 불타고 있는 모습이나 선투 장면을 남은 만화를 그리기노 했다.

융이 비어발트슈테터 호반에 있는 한 친구의 집에 놀러 갔을 때의 일이다. 친구 집 주변에는 작은 집과 보트 창고 그리고 보트 하나가 있었다. 보트의 주인은 융과 그의 친구에게 보트 사용을 허락하며 조심해야 한다고 단단히 주의를 주었다.

그러나 융은 이를 한 귀로 듣고 한 귀로 흘려버렸다. 물론 융이 주인의 주의를 귀담아듣지 않은 데에는 나름의 이유가 있었다. 바로 그 바이드링이라는 보트를 어떻게 움직여야 하는지 몰랐기 때문이다. 심지어 그의 집에도 이런 보트가 있었는데도 말이다.

어쨌든 융과 그의 친구는 자신들이 상상할 수 있는 모든 방법을 동원해 배 위에서 놀이를 즐겼다. 먼저 그는 선미에 선 채 노 하나로 배를 호수 속에 밀어 넣었다. 주인이 보기에 서서 노를 젓는 융의 행동은 너무나도 위험한 것이었고, 결국 주인은 휘파람으로 돌아오라는 신호를 보내며 융을 호되게 꾸짖었다.

융은 잔뜩 풀이 죽었지만 주인의 말에 일리가 있었기에 그저 꾸짖음을 받아들일 수밖에 없었다. 한편으로는 화가 치밀어 오르기도 했다.

'어떻게 나에게 이런 모욕을 줄 수 있지? 나는 이미 다 큰 어른이고, 권위와 직위를 가진, 존중과 존경을 받아야 마땅한 존엄한 인간인데!'

하지만 이와 함께 한 가지 의문이 계속 뇌리에 맴돌았다.

'네가 누군데? 네가 뭔가를 증명하려 하는 것 같은데 네가 얼마나 중요한 사람인지는 아무도 모를걸? 게다가 그가 맞는 말을 했잖아. 넌 아직 열두 살도 안 된 학생이지만 그는 한 집 안의 가장이라고⋯⋯.'

바로 그때 도무지 이해할 수 없는 또 하나의 생각이 떠올랐다. 자신이 실제로는 서로 다른 두 명의 인간이 아닐까 하는 생각이 든 것이다. 융은 대수학에 약하고 자신감 없는 열두 살이 채 안 된 학생으로서의 자신과 막강한 권위와 영향력을 지녀 절대 얕잡아 볼 수 없는 중요한 인물로서의 또 다른 자신이 존재한다고 느꼈다.

융은 그 또 다른 자신이 18세기에 사는 노인일 거라고 막연히 생각했다. 단추 장식이 달린 구두를 신고, 하얀 가발을 쓰고, 오목한 뒷바퀴가 달린 마차를 탄……. 마차의 두 바퀴 사이에는 용수철과 가죽 밴드로 동여맨 상자가 하나 달려 있을 거라고도 생각했다.

사실 융이 이런 생각을 하게 된 것은 그가 예전에 했던 독특한 경험 때문이었다. 언젠가 녹색의 오래된 마차 한 대가 융의 집 앞을 지나간 적이 있었다. 그 마차는 정말이지 앤티크 그 자체였다. 마치 18세기에서 달려 나온 것처럼! 융은 그 마차를 보고 마음이 벅차올랐다.

'바로 저거야! 진짜 나의 시대에서 온 마차가 틀림없어!'

융은 신경증을 앓는 동안 항상 1886년을 1776년이라고 썼는데, 그럴 때마다 묘한 향수가 그를 압도하곤 했다.

그 당시 융은 물건을 수집하고, 책을 읽고, 마음껏 놀며 자유를 만끽했지만 조금도 즐겁지 않았다. 자신이 세상 사람들과 점점 멀어지고 있다는 느낌과 함께 묘한 양심의 가책이 느껴졌기 때문이다. 융은 자신이 정신병에 걸렸을지도 모른다는 사실을 비밀로 했다. 융에게 이는 수치스러운 비밀이자 패배를 뜻했기 때문이다. 그는 생각했다.

'이런 것이 바로 성장의 고통이란 걸까?'

▼

아, 공부를 열심히 해야겠구나!

Jung

현실과의 충돌로 말미암아 나는 번개 맞은 듯한 느낌에 빠졌다. 순간 '아, 공부를 열심히 해야겠구나!'라는 생각이 들었다.

융이 병으로 학교를 쉬게 되자 부모님의 근심은 한층 더 깊어졌다.

어느 날 아버지의 친구가 집에 찾아왔을 때였다. 아버지와 아버지의 친구는 화원에 앉아 이야기를 나눴다.

'무슨 이야기를 하는 거지?'

융은 덤불 뒤에 숨어 그들의 대화를 엿들었다.

"아들은 좀 어때?"

이내 아버지가 한숨을 내쉬었다.

"휴, 아직도 심각하지 뭐. 의사들도 도통 무슨 병인지 모르

▼

겠다고 하고. 어쩌면 간질일 수도 있다는데 만에 하나 병을 치료하지 못하면 어쩌나 눈앞이 캄캄해. 생각해봐. 아이가 자기 힘으로 살아가지 못한다면 장차 어떻게 되겠어?"

이 말을 듣는 순간, 융은 번개를 맞은 듯 정신이 번쩍 들었다.

'아, 공부를 열심히 해야겠구나!'

그때부터 융은 진지한 아이가 되었다. 남몰래 덤불을 벗어난 그가 그길로 곧장 향한 곳은 아버지의 서재였다. 그곳에서 라틴어 문법책을 꺼낸 융은 열심히 책 속 내용을 외우기 시작했다. 그러나 너무 오랫동안 책을 놓고 지내서인지 10분 만에 기절할 기미가 보였다. 급기야 하마터면 그대로 의자에서 떨어질 뻔했다.

'젠장, 기절 따위는 하지 않을 거야.'

융은 속으로 자신을 채찍질하며 계속 공부했다. 그렇게 몇 분의 시간이 지나자 증상이 나아지는 것 같았고, 융은 다시 집중할 수 있었다. 15분쯤 지났을까. 또 한 번의 신경증 발작이 왔지만, 이번에도 첫 번째처럼 마음을 다졌다.

'지금은 열심히 해야 할 때라고!'

한 시간 후 세 번째 발작이 왔지만, 융은 여전히 포기하지 않고 다시 한 시간을 더 공부했다. 그렇게 그는 자신이 결국 습관성 기절을 이겨냈다고 생각했다. 몇 달 전에 비하면 증상이 훨씬 좋아졌기 때문이었는데 신기하게도 그는 정말 두 번 다시 기절하지 않았다.

▼

이렇게 융은 매일 라틴어 문법과 다른 과목을 공부했고, 몇 주 후 다시 학교로 돌아갔다. 신경증 발작은 집에서뿐만이 아니라 학교에서도 더 이상 일어나지 않았다. 부모님이 보기에는 그야말로 신기한 일이었다. 그러나 융은 이를 계기로 신경증이 무엇인지를 깨닫게 되었다. 그랬다. 이겨내지 못할 일은 없었다. 할 의지만 있다면 그것이 신경증이라 할지라도 얼마든지 극복할 수 있었다.

융은 이 모든 일이 어떻게 발생했는지를 찬찬히 되짚었고, 모든 사건을 조종해온 건 결국 자기 자신임을 깨달았다. 신경증이 찾아온 원인은 애초에 자신을 밀쳤던 그 친구에게 제대로 화를 내지 않았던 데 있었던 것이다.

심지어 융은 그 친구도 꾐에 넘어간 것일 뿐 그 모든 일이 자신이 설계한 악마적인 음모일지도 모른다고 생각하며 다시는 이런 일이 없도록 해야겠다고 다짐했다. 자기 자신에게 화가 나고 부끄러운 생각이 들었기 때문이다. 융은 자기가 자신을 우롱했다고 생각했다. 다른 누구의 탓이 아니라 자신이 바로 저주를 받아 마땅한 그 배신자였던 것이다! 그 순간부터 융은 더 이상 부모님이 자신을 걱정한다든가 동정하는 말투로 이야기하는 것을 용납할 수 없었다.

일반 의사들은 치료할 수 없는 정신병을 앓았다는 사실은 융에게 또 하나의 비밀이자 부끄러운 실패의 기억이었다. 그러나 이 비밀은 융을 성실하고 꼼꼼하며 진정으로 책임감 있는 사람으로 거듭나게 해주었다. 게다가 그런 책임감은 다른 사람에게 보여주기 위한 것이 아니라 자신의 미래를 위한 것이었다.

그때부터 융은 매일 아침 5시에 일어나 공부했고, 때로는 새벽 3시부터 7시까지 공부를 하다 등교하기도 했다.

융은 고독에 대한 열망과 외로움에 대한 집착이 자신을 잘못된 길로 들어서게 했다는 사실을 분명히 깨달았다. 대자연의 신비에 심취한 나머지 대자연이라는 기적 속에 스며들고자 한 자신의 행동이 인간 세상의 모든 것과 멀어지는 결과를 낳았던 것이다.

사실 자연에 파묻혀 살고 싶다는 생각은 누구나 가지고 있다. 그러나 이 세상을 살아가는 고등동물로서 인간은 세상의 모든 것에서 벗어나 홀로 존재할 수 없었다. 융은 이를 깨닫고 현실 세상으로 돌아갔다.

집에서 바젤에 있는 학교로 가는 길에 융은 자신이 짙은 구름 속을 빠져나온 듯한 느낌을 받았다. 순간 융은 모든 것이 분명해졌다.

'지금의 나는 나 자신이야! 안개 벽 같은 것이 내 뒤에 있고 그 벽 뒤에는 나라는 존재가 없는 것 같았는데 지금 나는 나 자신을 만난 거야. 이전에도 나는 존재했지만 이제야 내가 진짜 내가 된 거라고……'

▼

경쟁이 싫어
기꺼이 2등이 되길 바라다

Jung

나는 경쟁이 싫다. 그래서 누군가가 지나치게 경쟁적인 놀이를 하자고 하면 두 번도 생각하지 않고 거절했다. 그 후 나는 줄곧 반에서 2등을 유지했는데, 그렇게 하는 쪽이 훨씬 마음 편했다.

다시 학교로 돌아간 융은 친구를 사귀기 시작했다. 사람은 끼리끼리 어울린다는 말처럼 융의 친구들은 주로 평범한 집안의 내성적인 성격을 지닌 남자아이들이었다. 어쩌면 융은 이 친구들에게서 자기 모습을 발견한 건지도 모르겠다.

그뿐만 아니라 학교 성적도 좋아져 융은 몇 년간 반에서 1등을 놓치지 않았다. 그러나 또 문제가 생겼다. 모난 돌이 정을 맞는다고 융이 학업에서 두각을 나타내자 그보다 점수가 낮은 친구들이 그를 질투하기 시작한 것이다. 친구들은 기회

▼

67

가 있을 때마다 어떻게든 융을 따라잡으려 했는데, 이는 안 그래도 예민한 융의 기분을 상하게 만들었다.

다른 사람들에겐 남에게 뒤지기 싫은 마음과 서로 앞다투어 경쟁하는 것이 지극히 당연한 일이겠지만 융은 그런 게 싫었다. 융은 정말 모든 경쟁을 싫어했다. 비단 공부에서뿐만 아니라 놀이에서도 지나치게 경쟁적인 건 사절이었다.

그 후 융은 줄곧 반에서 2등을 유지했는데 그러는 쪽이 훨씬 마음 편했다. '경쟁은 둘째고 우정을 제일로 생각하는 사람'이었다고 할까! 하지만 2등을 유지하기란 1등을 다투는 것만큼이나 쉽지 않았다. 1등이 아닌 2등이 되기 위한 '정도'를 지키는 게 여간 어려운 일이 아니었기 때문이다. 다른 친구와 경쟁 구도를 만들지 말아야겠다고 생각하자 공부를 얼마나 해야 하는지가 문제였다. 행여 1등을 할까 봐 너무 열심히 할 수노 없고 그렇다고 공부를 안 하자니 꼴찌가 될까 봐 걱정되었다. 이런 고민 속에서 교과목 공부는 다시 하기 싫은 일이되어버렸다.

융은 고마움을 아는 사람이었다. 학창 시절 융의 성격과 특성을 이해하고 그를 특별히 믿어주었던 선생님이 몇 분 계셨는데, 융은 자신이 노인이 되어서까지도 그들에 대한 고마움을 잊지 않고 기억했다. 그중에서도 라틴어 선생님은 융에게 특별한 분이었다. 그 선생님은 원래 대학에서 강의하던 아주 똑똑한 분이었다.

마침 융은 여섯 살 때부터 아버지에게 라틴어를 배운 덕분에 다른 학생들에 비해 실력이 월등했다. 라틴어 선생님 역시 대학생 수준의 라틴어를 구사하는 융의 실력을 잘 알고 있었다. 그래서 수업 시간이면 수업 대신 그를 대학 도서관으로 보내 책을 빌려 오도록 했다. 그러면 융은 신나게 대학 도서관으로 가서 책을 읽었다. 어떻게 보면 선생님이 도서관에서 시간을 보낼 충분한 이유를 제공해준 셈이었다.

라틴어에 비하면 융의 독일어 성적은 지극히 평범했다. 독일어 시간에 배우는 내용, 그중에서도 문법과 구법에 전혀 관심이 없었기 때문이다. 그랬다. 융은 자신이 관심 없는 일은 절대 잘하지 못하는 성격이었고 그런 까닭에 독일어 공부를 지루해하며 게으름을 피웠다. 특히 독일어 작문 과제로 주어지는 주제는 하나같이 가볍고 유치하게 느껴져 과제를 할 때면 항상 마지못해 대충 해치우는 식이었다. 물론 이렇게 완성한 글이 좋은 점수를 받을 리 만무했다. 그런 까닭에 융의 독일어 성적은 줄곧 평균 언저리에 머물렀는데, 이는 융이 바라던 바이기도 했다. 주목받는 것을 원치 않는 융의 성향에 딱 맞아떨어지는 성적이었으니까.

아마 동서고금을 막론하고 기꺼이 2등이 되길 원했던 사람은 과거에도 앞으로도 융이 유일하지 않을까?

▼

선생님,
저에 대한 의심을 거둬주시겠어요?

Jung

나는 맹세코 억울하다고 말했지만 아무 소용이 없었다. 그 선생님은 자신의

견해를 굽히기는커녕 오히려 내게 엄포를 놓았다.

"네가 어디서 베꼈는지 걸리는 날엔 학적에서 제명될 줄 알아라."

그러고는 쌩하고 돌아서 가버렸고, 친구들의 의심의 눈초리가 내게로 날아들

었다.

융은 세상일에 무관심했다. 그러던 어느 날 그의 무관심이 세상의 선입견 앞에서는 너무나 무력하며 심지어 눈물이 날 정도로 사람을 열 받게 한다는 사실을 깨닫게 되는 사건이 있었다.

그날은 융의 머리에서 천둥이 쳤다. 선생님이 수업 시간에 제시한 작문 주제가 도화선이었다. 이번엔 다른 때와는 달리

▼

융에게 상당히 흥미로운 주제였다. 그는 관심이 없는 일에는 게으름이 발동해도 관심이 있는 일은 꽤 완벽하게 해내는 성격이었다. 하지만 안타깝게도 모든 사람이 융의 이런 특징을 알고 있는 건 아니라는 게 문제였다.

사건의 전말은 이랬다.

작문 주제에 흥미를 느낀 융은 신바람이 나서 글을 쓰기 시작했다. 순조롭게 글이 술술 써진 덕분에 그야말로 단숨에 글이 완성되었다. 융은 자신의 작문을 보며 자신이 쓴 글 중에서 가장 심혈을 기울인, 가장 훌륭한 글이라고 생각했다. 과제를 제출할 때도 그 어느 때보다도 자신이 있었다.

그가 이렇게 자신만만한 건 처음이었다. 이번 작문 과제는 90점 이상을 받길 기대했다. 물론 100점을 바라지는 않았다. 그러면 너무 눈에 띄게 될 테니 만점에 가까운 점수면 충분했다.

이 선생님에게는 작문을 잘한 순서대로 학생들의 글을 평가하는 습관이 있었다. 그래서 평가 시간이면 먼저 이름이 불린 학생들은 우쭐함을 느끼곤 했다. 물론 융은 그 명단에 오른 적이 없었고 그 또한 이를 대수롭지 않게 여겼다. 그러나 이번에는 단순한 기대를 넘어서서 이름이 불리기를 갈망했다. 융은 생각했다.

'빨리 작문 평가 시간이 왔으면!'

선생님이 강의록을 들고 교실에 들어서자 융은 목을 길게 빼고 선생님의 손에 들려 있는 강의록에 시선을 고정했다. 그는 거기에 작문에 대한 평이 빼곡하게 적혀 있으리라는 것을 알았다.

이윽고 선생님이 강의록을 펼쳐 평가를 시작했다. 아니나 다를까 첫 번째로 이름이 불린 학생은 반에서 성적이 가장 좋은 남학생이었다. 그 후로 다른 학생들이 쓴 글에 대한 평가가 이어졌고 융은 자신의 이름이 불리길 기다렸다. 그러나 기다리고 또 기다려도 그의 이름은 불리지 않았다. 융은 속으로 생각했다.

'말도 안 돼. 내 글이 방금 이름이 불린 그 녀석들보다 못하다는 건가? 이게 어떻게 된 일이지? 난 정말 경쟁과는 안 맞는 체질인 건가?'

융이 한창 이런저런 생각을 하고 있을 때 선생님이 잠시 뜸을 들이더니 그의 이름을 불렀다. 융은 자신의 이름을 들은 것만으로도 기분이 좋았다. 그는 생각했다.

'최후에 웃는 사람이 승자지. 이제 선생님이 중점적으로 칭찬을 하실 모양이네!'

"이제 마지막 글 하나가 남았구나. 융이 쓴 글인데 사실 가장 잘 쓴 글이었지⋯⋯."

아! 드디어 선생님의 칭찬을 듣자 융은 흥분을 감추기 어려웠지만, 너무 우쭐대지 말자고 자신을 다잡았다. 뒤이어 선생님의 말이 이어졌다.

"원래대로라면 백 점짜리였을 거야⋯⋯."

'아니에요. 전 정말 백 점은 필요 없어요. 선생님에게 인정받는 것만으로도 충분한걸요.'

융은 선생님의 평가에 속으로 호응해가며 다음 말을 기다렸다. 선생님은 융이 앉아 있는 쪽으로 몸을 돌리며 이렇게 말했다.

"하지만 안타깝게도 이건 융이 직접 쓴 글이 아니었어."

순간 융의 머리에서 천둥이 쳤다. 이게 무슨 말이란 말인가? 융은 즉각 선생님에게 반문했다.

"잠깐만요. 선생님 그게 무슨 말씀이시죠? 저는 잘 이해가 안 되는데요."

그러자 선생님은 범인을 심문하듯 강경한 말투로 융에게 질문을 했고, 이에 융의 마음은 한순간 얼어붙었다.

"이 글을 어디서 베꼈지? 솔직하게 말하렴."

울컥한 융은 자리를 박차고 일어나 큰 소리로 말했다.

"베긴 게 아니에요! 제가 심혈을 기울여 쓴 글이라고요!"

어느새 융의 앞으로 다가온 선생님이 그의 코를 가리키며 소리쳤다.

"거짓말을 하고 있구나! 넌 절대 이런 글을 쓸 수 없어. 아마 그 누구도 네 말을 믿지 않을 거다. 자, 이제 솔직해지려무나. 어디서 베꼈지?"

융은 맹세하며 말했다.

"저는 베끼지 않았어요! 정말 억울하다고요!"

"인정하지 않겠다는 거로구나. 좋아, 그럼 이것 하나만은 분명히 해두자꾸나. 네가 어디서 베꼈는지 걸리면 그날로 학적에서 제명되는 거다. 알겠니?"

선생님은 이렇게 말을 마치고는 쌩하고 돌아서 가버렸고, 친구들의 의심의 눈초리가 날아들었다. 그들은 마치 '하! 그런 거였구나!'라고 말하는 듯했다.

항의해도 아무도 거들떠보지 않았고, 융은 마음의 상처를 받았다.

'오! 선생님, 저에 대한 의심을 거둬주시겠어요?'

아웃사이더,
가만히 있어도 불똥이 튀다

그 작문 사건 이후로 융에게는 낙인이 찍혔다. 이로써 별난 아이라는 꼬리표를 벗어던질 기회마저 날아가 버렸다. 융은 이러한 사실에 깊은 모욕감과 실망감을 감출 길이 없었다. 그는 복수하고 말리라 다짐했다.

하지만 어떻게 그 글이 베낀 것이 아니라는 사실을 증명한단 말인가?

며칠 내내 융은 이 문제에 대해 고민하며 열심히 머리를 굴렸다. 하지만 결론은 단 하나, 어쩔 수 없다는 것뿐이었다.

이렇듯 어리석고 맹목적인 운명은 융에게 장난을 치며 그에게 거짓말쟁이, 사기꾼이라는 낙인을 찍어주었고 그제야 융은 그전에 있었던 모든 일이 이해되는 것 같았다.

언젠가 학부모회에 참석한 아버지가 융이 학교생활을 잘하고 있냐고 묻자 한 선생님이 이렇게 답을 한 적이 있었다.

"아, 융은 지극히 평범하지만 매우 노력하고 있습니다."

아버지는 이러한 평가를 어머니에게 전했고 융은 기분이 썩 좋지 않았지만 그래도 받아들일 수 있었다. 겉으로 보기에 융의 성적은 확실히 평범했기 때문이다.

그러나 융이 화가 나는 건 어떻게 선생님이 자신을 거짓말쟁이라고 생각할 수 있느냐는 것이었다. 이는 도덕적으로 융에게 사형선고를 내린 것이나 마찬가지 아니던가?

융은 참을 수 없을 만큼의 분노와 슬픔을 느꼈다. 가만있다 날벼락을 맞은 격으로, 융에게는 확실히 불공평한 일이 아닐 수 없었다. 그러나 작문 사건은 겨우 시작에 불과했다.

대다수의 선생님은 융을 어리석고 교활한 학생이라고 생각했다. 학교에서 무슨 일이 생기기만 하면 마치 융이 그 일의 원흉이라는 듯 의심의 눈길을 보냈다. 예를 들어 어느 학생 둘이 다투면 융이 그 싸움을 부추겼다고 생각하는 식이었다. 세상에 이런 억지가 어디에 있는가!

안 그래도 고독을 즐기길 좋아하던 융은 괜한 오해를 피하려고 더욱더 자신을 고립시켰다. 오해를 받는 상황을 어떻게 해보지는 못하더라도 피할 수는 있지 않겠느냐는 생각이었다. 그러나 아웃사이더가 되어도 상황은 마찬가지였다.

사실 융이 딱 한 번 싸움에 휘말린 적이 있었는데 그 일로 융은 친구들이 자신에게 적대감을 가지고 있다는 사실을 깨닫게 되었다.

융이 열다섯이던 어느 날이었다. 부득이하게 싸움에 휘말린 융은 싸움이 끝나면 그뿐이라고 생각해 다른 위기가 닥칠 줄은 꿈에도 몰랐다. 사건은 학교가 끝나고 집으로 돌아가는 길에 발생했다. 친구 일곱 명이 몰래 숨어 있다가 융을 급습한 것이다.

평소 반응이 민첩한 융이었지만 갑작스런 공격에는 어찌할 도리가 없었다. 그가 위험을 감지했을 때는 이미 일이 벌어진 후였다. 친구들은 융에게 흙덩이를 던지며 욕설을 퍼부었다. 이에 화가 잔뜩 난 융은 그중 한 명을 잡고 빙빙 돌려 그의 다리로 다른 학생 몇을 후려쳐 바닥에 쓰러뜨렸다.

그 일이 벌어진 후 선생님에게 불려 간 건 다름 아닌 융이었다. 그 일곱 명이 한통속이 되어 선생님에게 먼저 고자질을 한 것이다. 그 결과 융은 부당한 벌을 받아야 했다.

이후 더 이상 융을 괴롭히는 사람은 없었지만, 결과적으로 융은 더욱 철저한 아웃사이더가 되었다. 친구들의 공격을 받은 것으로도 모자라 부당한 벌까지 받았으니 자신을 고립시키는 것 말고 융이 할 수 있는 선택이 무엇이었겠는가?

▼

이러한 일련의 사건들은 예민한 융의 신경을 자극했고, 융은 마치 방음문으로 시끄러운 방의 문을 하나하나 닫아가는 듯 마음을 가라앉혔다.

인격 1호와 인격 2호

Jung

당시 나는 제1의 인격과 제2의 인격 사이에 어떤 차이가 있는지 잘 알지 못했다. 제2의 인격은 나의 개인적인 세계라고 주장하긴 했지만, 그 배후의 깊은 곳에 나 자신 외에 뭔가가 있다는 느낌을 지울 수 없었다.

융은 자신이 이중인격을 지녔다는 사실을 잘 알고 있었다. 그중 하나는 그다지 똑똑하지는 않지만 학교 다니며 열심히 공부하고 다른 남자아이들보다 단정한 옷차림을 한, 부모님의 아들로서의 인격이었다. 다른 하나는 어른, 엄밀히 말하자면 노인의 인격이었다. 이 노인은 의심이 많고 세상과 동떨어진 성격을 지녔지만 지구와 태양과 달, 공기, 살아 있는 모든 생물, 그리고 밤과 꿈에 가장 가까운 사람이었다.

융의 일생은 제1 인격과 제2 인격의 작용과 반작용으로 점

철되었다고 해도 과언이 아니었다. 하지만 이는 의학에서 정신질환이라고 말하는 '인격분열'이나 '정신분열증'과는 아무런 연관이 없었다. 어쨌든 융의 인생을 통틀어 제2의 인격에는 매우 중요한 의미가 있었다.

유전학적으로 봤을 때 융의 이중인격은 그의 어머니에게서 물려받았다고 할 수 있다. 융의 어머니는 극명한 차이를 지닌 두 인격을 가지고 있었다. 낮에는 사랑스러운 여인이었다가 밤이 되면 상상도 할 수 없을 만큼 다른 사람으로 변했다. 때로는 잔소리꾼이었다가 때로는 음유시인이 되기도 했다.

어머니의 이중성은 한 사건을 통해 입증되었다. 모두가 식탁에 둘러앉아 찬송가에 관한 이야기를 나누던 중이었다. 이때 융의 어머니가 낮은 목소리로 읊조렸다.

"오, 당신은 내 사랑 중의 사랑이요, 저주스러운 축복이어라."

융은 마치 시인 같은 어머니의 모습에 깜짝 놀랐다.

융은 어머니의 제2의 인격이 좋았다. 융이 전율을 느낄 정도로 진실한 모습이었기 때문이다.

아버지의 경우는 달랐다. 사실 융도 아버지와 함께 진지한 이야기를 나눠보고 싶었지만, 융은 그러지 않았다. 아버지의 신앙심이 얼마나 독실한지를 알고 있었기에 아버지를 딜레마에 빠뜨리고 싶지 않았다.

그 대신 융은 아버지의 작은 서재를 이용했다. 독립적인 사상을 지닌 작가의 책을 찾으려다 1896년에 출판된 책《기독교 교리》를 발견한 것도 아버지의 서재에서였다.

그 무렵 융의 어머니, 아니 엄밀히 말해 어머니의 제2 인격은 융에게 지금이면 마땅히 괴테의《파우스트》를 읽어봐야 한다고 말했다.

"안 그래도 읽어보고 싶었는데 잘됐네요! 그런데 그 책을 어디서 구하죠?"

융이 맞장구를 치며 묻자 어머니는 확신에 찬 목소리로 답했다.

"집에 책이 있단다. 네 아버지 서재에 가보렴."

아니나 다를까, 융은 정말로 아버지의 서재에서《파우스트》를 찾을 수 있었다. 그 책은 마치 뛰어난 효능을 지닌 아로마처럼 융의 폐부로 스며들었고 융은 갈망하듯 책을 읽어 내려갔다.

초등학교 때부터 융은 자신이 동시에 두 시대를 살고 있는 서로 다른 두 사람이라는 생각을 했었다. 이러한 생각은 융을 혼란스럽게 만드는 동시에 알 수 없는 감상에 빠지게 했다. 그는 자신의 이중인격이 어쩌면 부모님과 친척들에게서 들은 할아버지 이야기와 연관이 있을지도 모르겠다고 생각했다.

괴테의《파우스트》를 읽으면서 융은 언젠가 낯선 이에게 들은 이야기를 떠올렸다. 그의 할아버지가 괴테의 사생아라는 기분 나쁜 소문이었다.

▼

융은 이 소문을 꽤 흥미로워했다. 그가 《파우스트》에 홀딱 빠져 그것을 내재한 현실로 생각하게 된 데에는 분명 그 소문의 영향이 있었다. 물론 재미 삼아 이런 소문을 퍼뜨리는 사람들을 저속하다며 넌더리를 내기도 했다. 그러나 세상에는 너무나 많은 바보가 있었고 그들의 이러한 유희를 막을 방법 또한 없었기에 융은 될 대로 되라고 생각했다.

열여섯 살에서 열아홉 살 사이, 융을 곤경에 빠뜨렸던 안개가 서서히 걷히면서 우울감도 조금씩 호전되기 시작했다. 제1의 인격이 좀 더 분명하게 드러나기 시작한 것도 이 무렵이었다. 융은 학교와 도시에서 거의 모든 시간을 보내며 풍부한 지식을 얻었고, 학습계획이라는 것을 세우기 시작했다.

이 시기에 융은 철학사 입문서를 읽고 책 속의 철학자들에게 매료되었다. 피타고라스, 헤라클레이토스, 엠페도클레스, 플라톤, 소크라테스, 헤겔, 쇼펜하우어 등 수많은 철학자 중에서 융이 가장 좋아한 철학자는 쇼펜하우어였다. 세상의 명과 암에 대한 그의 묘사에 100퍼센트 공감했기 때문이다. 반면 헤겔은 난해한 데다 문체가 거만했기에 경원시할 수밖에 없었다.

열일곱 살부터 시작된 융의 철학적 발전은 의학을 공부하는 시절까지 이어졌고, 이는 세상과 인생을 대하는 융의 태도를 180도 바꿔놓았다.

정신적인 성숙과 함께 융은 김나지움의 생활을 마쳤고 문화의 마지막 성과를 인격, 즉 이중인격으로 규정했다. 그러나 이는 정신적 성장의 끝도, 인격의 끝도 아닌 시작에 불과했다.

Chapter 3

꿈의 해석;
그 운명적인 일

융,
마음이
단단한 사람

융은 김나지움의 생활이 끝나기만을 바랐다. 그래야 대학교에 진학해 자신이 좋아하는 자연과학을 공부할 수 있고 더 나아가 실질적인 지식을 얻을 수 있었기 때문이다. 물론 융은 김나지움에서의 생활이 끝나는 동시에 직업을 선택해야 하는 순간이 코앞으로 다가온다는 사실을 잘 알고 있었다. 사실 융에게는 선택장애가 있었다. 일단 다짐하고 나면 뒤이어 고개를 내미는 의심이 문제였다.

'너는 역사보다 철학을 더 좋아하지 않았어?'

'이집트와 바빌론에 관심이 많아서 고고학자가 되고 싶어 했잖아?'

히지만 이러한 꿈을 실현하기 위해 바젤을 벗어나 다른 지방으로 가려면 돈이 필요한데 융에게는 그럴 돈이 없었다. 그렇다고 바젤에 머물자니 관련 과목을 가르치는 선생님이 없다는 게 가장 큰 문제였다. 결국 융의 원래 계획은 수포로 돌아갔고, 그는 이렇다 할 결정을 내리지 못한 채 선택을 뒤로 미룰 수밖에 없었다. 이에 융의 아버지는 조바심을 내기도 했다.

"너는 상상할 수 있는 모든 것에 관심을 가지고 있으면서 정작 자신이 뭘 원하는지는 모르고 있구나."

융은 아버지의 말이 옳다고 인정했다. 학부모와 선생님, 친구들, 심지어 융 자신까지도 그가 자연과학을 공부하고 싶어 하는지, 아니면 인문과학을 공부하고 싶어 하는지 갈피를 잡지 못했다. 바로 그 시기에 융은 두 개의 꿈을 꾸었고 불현듯 생각했다.

'왜 의학 공부를 할 생각을 못 했지?'

참고로 융의 좌우명은 '뭐든 가능하지만 절대 남을 따라 하지는 말자'였다. 또 다른 꿈에서 융은 제1의 인격이 등불을 들고 제2의 인격이 그림자처럼 그 뒤를 따르는 모습을 보았다.

그렇다면 융은 어떻게 자신의 인생을 살아가기로 했을까? 한 가지 확실한 사실은 꿈에 대한 해석을 통해 무엇이 자신의 운명적 사명인지를 깨닫게 되었다는 점이다. 물론 융에게 꿈이 병을 치료하는 약이었다면, 크라프트에빙(Kraft-Ebing)의 《정신의학》은 치료약의 효과를 배가해주는 보조 약이었을 것이다.

이름을 말할 수 없는 하나의 신

Jung

어쨌든 그 꿈속에서 본 생식기는 나에게 '이름을 말할 수 없는' 지하의 신이었고, 이는 내가 청년이 될 때까지 나의 기억 속에 남아 있었다.

융이 기억하는 최초의 꿈은 그가 서너 살 즈음 꾼 꿈이었다. 당시 융의 가족은 라우펜성 근처의 외로이 서 있는 집에 살았는데 집 바로 뒤에는 교회지기의 농장과 드넓은 초원이 있었다.

꿈속에서 융은 그 초원에 서 있었다. 바로 그때 융의 눈에 검은색 직사각형의 석조 동굴이 들어왔다. 여태껏 한 번도 본 적 없는 동굴이었다. 융은 호기심에 가득 차 동굴로 다가갔다. 목을 빼고 동굴 안쪽을 들여다보니 어디로 향하는지 모를 돌계단이 이어져 있었다.

▼

한참을 주저하던 융은 결국 호기심을 떨쳐내지 못하고 떨리는 마음을 안고 동굴 안으로 향했다. 얼마 가지 않아 둥근 아치형의 문이 보였다. 문에는 초록색의 멋진 커튼이 걸려 있었는데 실크 재질인 듯했다.

'커튼 뒤에는 뭐가 있을까?'

이미 호기심이 두려움을 앞선 융은 그 초록색 커튼을 젖혔다. 어둑어둑한 빛이 비치고 융의 눈앞에 길이가 4.5미터는 넘어 보이는 직사각형의 방이 나타났다. 천장은 돌을 쌓아 올린 둥근 아치형이었으며 바닥에도 돌이 깔려 있었다. 그리고 그 중앙에는 붉은 카펫이 깔려 있었다. 카펫은 어느 낮은 단상까지 이어져 있었는데, 그 단상 위에는 동화 속 왕국에 나오는 국왕의 보좌처럼 금빛 찬란한 보좌가 놓여 있었다. 융은 생각했다.

'엇! 보좌 위에 뭔가가 서 있네? 나무 그루터기인가?'

높이는 3.6~4.5미터에 두께는 50~60센티미터 정도로 거의 천장에 닿을 것 같은 거대한 물건이었다. 그 모습에 흥미가 생긴 융은 그것을 자세히 들여다보았다. 그건 나무가 아니라 가죽과 살로 이루어진 무엇이었다. 끝부분에는 사람의 머리처럼 둥근 물체가 있었는데 거기에는 얼굴도 머리카락도 없었다. 그저 꼭대기 부분에 눈이 하나 있어 미동도 없이 천정을 바라보고 있을 뿐이었다.

방에는 창문도, 다른 조명도 없었지만 어쩐 일인지 방은 아주 밝았다. 특히 그 물건의 머리 위에는 찬란한 빛이 비쳤다. 그 물건은 보좌 위에서 꿈쩍도 안 하고 있었지만, 융은 왠지 그 물건이 마치 벌레처럼 언제든 자신에게 기어오를 것만 같았다. 융은 온몸이 굳어버릴 정도로 두려움이 극에 달했다. 그런데 바로 그때 바깥에서 어머니의 목소리가 들려오는 듯했다.

"그것 좀 보렴. 그게 바로 사람을 잡아먹는 괴물이란다."

"으악!"

융은 소스라치게 놀라며 잠에서 깨어났다. 온몸이 식은땀으로 뒤범벅된 채였다.

이 꿈을 꾼 이후로 융은 행여나 다시 같은 꿈을 꿀까 두려워 몇 날 며칠이고 잠을 설쳤다. 이 꿈은 꽤 오랫동안 융을 괴롭혔다. 꿈속에서 자신이 본 물건이 사실은 남성의 생식기였음을 깨달은 건 아주 오랜 시간이 지나서였다. 하지만 꿈속에서 어머니가 '그것'을 강조하고 싶었던 건시, 아니면 그것이 '사람을 잡아먹는다'는 점을 강조하고 싶었던 건지는 여전한 수수께끼로 남았다. 어쨌든 그 꿈속에서 본 생식기는 융에게 '이름을 말할 수 없는' 지하의 신이었고 그가 청년이 될 때까지 줄곧 그의 기억 속에 남아 있었다.

만년이 돼서야 융은 그 일이 가능한 한 많은 빛을 어둠 속으로 가져가기 위해 일어난 일임을 깨달았다. 즉, 어둠의 세계로 들어가는 일종의 통과의례였던 셈이다.

이 꿈만이 아니라 그 이후로도 다양한 꿈을 꾸었는데 융이 여섯 살 때 학교 다니기 시작하면서부터 밤의 색채도 짙어지기 시작했다.

어느 날 밤 융은 어머니의 방에서 희미한 그림자가 나오는 꿈을 꾸었다. 그 그림자의 머리는 마치 달빛처럼 흔들렸다. 그러더니 갑자기 또 다른 머리가 나타났고 이내 다시 모습을 감췄다. 이러한 상황이 예닐곱 번 반복되었다.

융은 이렇듯 물건들이 커졌다 작아지는 불안한 꿈을 자주 꾸곤 했다.

한번은 작은 공이 저 멀리서 그를 향해 굴러오면서 크기가 점점 커지더니 숨 막힐 정도로 끔찍한 물건으로 변하는 꿈을 꾸었고, 또 한번은 새들이 잔뜩 앉아 있는 전선이 갑자기 굵게 변하기 시작해 깜짝 놀라 잠에서 깨기도 했다.

이러한 꿈은 융의 생리적 변화와 발육의 서막을 알리는 것이었는데, 당시 융은 일곱 살이었다.

두 개의 꿈,
두근거리는 선택

Jung

그것은 나의 강렬한 지식욕을 불러일으켰다. 잠에서 깨어난 후에도 나의 심장은 두근두근했다. 두 개의 꿈은 내가 선택을 하는 데 결정적인 역할을 했고 나의 모든 의심과 걱정을 불식시켰다.

대학 진학시험이 하루하루 다가옴에 따라 융은 어떤 전공을 선택할지에 대해 최종 결정을 해야만 했다. 제1 인격과 제2 인격이 결정권을 놓고 치열하게 경쟁하는 가운데 융은 두 개의 꿈을 꾸었다.

첫 번째 꿈은 이랬다.

꿈에서 융은 라인 강변을 따라 펼쳐진 울창한 숲에 있었다. 그 숲을 벗어나자 작은 언덕이 보였는데 그 위에는 봉분이 자리하고 있었다. 융은 봉분 앞으로 가 자신도 모르게 봉분을 파

헤치기 시작했다. 융은 그렇게 열심히 봉분을 파고 또 팠다! 얼마 지나지 않아 그는 놀랍게도 선사 시대 동물의 유골을 발견할 수 있었다.

이 꿈은 융을 흥분시키기에 충분했다. 선사 시대의 동물이라니 보물이 아니던가! 이 꿈으로 융은 대자연과 우리가 사는 세계, 그리고 우리 주변의 각종 사물을 이해할 필요가 있음을 깨닫게 되었다.

그 후 융은 두 번째 꿈을 꾸었다.

이번에도 융은 숲속에 있었다. 숲에는 시냇물이 졸졸 흘렀고 숲의 가장 어두운 곳에 둥그런 연못 하나가 보였다. 덤불에 둘러싸인 그 연못에는 기묘한 생물이 반쯤 물에 잠긴 채 누워 있었다. 이 수중 생물은 몸집이 30센티미터 정도로 둥글고 거대했다. 몸은 우윳빛으로 반짝였으며 무수히 많은 세포 혹은 촉수처럼 생긴 기관들로 이루어져 있었디.

융은 심해에나 있을 법한 생물이 왜 이런 은밀한 숲속 연못에 누워 있는 건지 너무나도 신기했다. 무엇보다 그를 방해하는 이가 아무도 없다는 사실에 융은 말로 표현할 수 없을 만큼의 오묘함을 느꼈다. 그것은 잠자고 있던 융의 강렬한 지식욕을 불러일으켰다. 잠에서 깨어난 후에도 두근거림은 쉬이 가라앉지 않았다.

이 두 개의 꿈은 무엇을 예고하고 있었을까? 당시 융은 자신의 앞날에 대해 어려운 결정을 해야만 하는 인생의 갈림길에 서 있었다. 그는 이 세상을 살아가려면 자신과 주변 사람들의 생계를 책임져야 한다는 사실을 잘 알고 있었고, 그러기 위해서는 결정이 불가피하다는 것 또한 잘 알고 있었다. 융의 학우들도 모두 이러한 사실을 깨닫고 자신의 미래를 결정하느라 다른 생각을 할 틈이 없었기 때문이다. 뭐든 일단 외우고 보는 공부벌레 학우는 이미 신학을 공부하기로 했다.

그럼 융은 어땠을까? 융은 반드시 결정해야 하는 시기가 왔음을 깨닫고 차분하게 진로 고민을 했다. 먼저 그는 여러 가설을 세워보았다. 예를 들어 '동물학을 전공한다면 기껏해야 중학교 선생님이나 동물원 직원이 되겠지'라고 생각해보는 식이었다. 이렇게 이러지도 저러지도 못하고 있던 차에 때마침 두 개의 꿈을 꾸었고 융은 마치 계시를 받은 듯 '왜 의학 공부를 할 생각을 못 했지?'라고 생각했다. 그러고 보면 정말 희한한 일이었다. 의학은 그동안 생각조차 하지 못한 분야였기 때문이다.

언제부터인지 융은 '뭐든 가능하지만 절대 남을 따라 하지는 말자'라는 신조를 지니고 있었는데 어쩌면 여러 사람에게서 할아버지가 의사였다는 말을 들은 것이 의학 공부에 대한 묘한 저항감을 불러일으켰는지도 모르겠다고 생각했다. 그러나 곰곰이 따져보면 의학은 이과 분야인 데다 공부 범위도 넓어 향후 전문 분야를 선택할 기회 또한 많았다.

심사숙고 끝에 융은 이과를 선택했다. 그러나 이번엔 돈, 그

▼

러니까 학비를 어떻게 해결해야 할지가 문제였다. 돈이 없으니 외국 대학에 진학하거나 연수를 받으러 가지 못할 테고 그러면 공부를 하는 데 한계가 있을 터였다. 그런 까닭에 융은 의학을 공부하기로 결정을 내리고도 기분이 썩 좋지는 않았다. 자신의 미래가 여전히 불확실했기 때문이다. 하지만 어쨌든 융은 돌이킬 수 없는 결정을 내렸고 이로써 무거운 짐을 내려놓은 듯 한숨 돌릴 수 있었다.

지금을 살아가는 청년들도 융처럼 선택의 어려움을 겪고 있지는 않은가?

3차원의 공간,
등불을 든 인격

Jung

나는 그제야 제1의 인격이 바로 그 등불을 든 사람이었고 제2의 인격이 그림

자처럼 그 뒤를 따른다는 사실을 알게 되었다. 나의 임무는 그 등불을 지키며

등 뒤에 있는 그 영원한 생명을 뒤돌아보지 않는 것이었다. 제2의 인격은 다

른 빛이 비치는, 사람의 진입이 금지된 왕국이었다.

융은 자문했다.

'이런 꿈은 어디서 비롯되는 걸까?'

어린 시절 꿈을 꿀 때마다 융은 당연히 하나님이 꿈을 내려

주는 거라고 생각했다. 하지만 많은 지식이 쌓이면서 원래 가

졌던 생각에 의구심이 들기 시작했고, 대학에 진학할 무렵 그

의 세계관은 또 한 번의 변화를 맞이했다. 이로써 융은 자신이

외부 세계로 향하는 길로 접어들어 3차원의 특징을 지닌, 제

▼

한적이고 어두운 공간 속으로 진입했음을 분명히 깨닫게 되었다. 이는 다시 융을 꿈꾸게 했다.

그 무렵 융이 꾼 꿈은 아주 놀라우면서도 한편으론 매우 고무적이었다. 그곳은 이름을 알 수 없는 곳이었다. 안개가 자욱하고 강풍이 몰아치는 가운데 융은 두 손을 동그랗게 모아 등불을 보호하며 앞으로 나아가고 있었다. 당장이라도 꺼질 것 같은 그 등불에 융은 온 신경을 쏟았다.

그런데 그 순간 융의 등 뒤에서 무언가가 다가오는 기척이 느껴졌다. 융은 곧장 뒤를 돌아보았고, 그곳엔 검은 옷을 입은 거대한 그림자가 그의 뒤를 바짝 쫓고 있었다. 융은 깜짝 놀랐지만, 등불을 지켜야만 광풍이 몰아치는 이 밤을 보낼 수 있다는 사실을 잘 알았기에 조심조심 등불을 보호했다. 그러나 갑자기 강풍이 불어왔고 손안의 등불은 꺼질 듯 위태로웠다.

마음을 졸이는 그 순간 융은 잠에서 깨어났다. 융은 잠에서 깨어나자마자 자신을 따라오던 그 그림자가 바로 '브로켄의 환영'임을 즉각 알아차렸다. 브로켄은 독일 하르츠 산맥의 최고봉으로 광학 현상 때문에 등산가들의 그림자가 반대편의 안개나 구름에 비치는 현상이 자주 일어나는 곳이었다.

책에서 이런 내용을 읽었던 융은 꿈속에 나타난 그 검은 옷을 입은 거대한 인물이 사실은 손에 들고 있던 등불에 자신이 비쳐 안개에 형성된 자기 자신의 그림자라는 결론을 내렸다. 그리고 그 작은 등불이 자신의 유일한 빛이자 그가 지닌 가장 크고 유일한 자산임을 깨달았다. 어둠의 힘에 비하면 그 등불은 너무나도 작고 약했지만, 그의 유일한 빛이었던 것이다.

이 꿈은 융에게 새로운 계시를 내려주었다. 융은 그의 제1의 인격이 바로 그 등불을 든 사람이었고, 제2의 인격이 그림자처럼 그 뒤를 따른다는 사실을 깨달았다. 그의 임무는 절대 뒤돌아보지 않고 그 등불을 지키는 것이었다. 제2의 인격은 다른 빛이 비치는, 사람의 진입이 금지된 왕국이었다.

제1의 인격은 폭풍에 맞서 앞으로 나아가야만 했으며 제2의 인격은 그 뒤를 바짝 따르며 그를 무한한 어둠으로 밀어 넣었다. 제1의 인격으로서의 융은 반드시 공부하고 돈을 벌고 각종 책임을 짊어지며 여러 실패와 혼란, 부담을 겪으며 앞으로 나아가야 했다.

시간은 융을 뒤로 밀어내는 폭풍이었다. 시간은 끊임없이 흐르며 그의 뒤를 바싹 따라붙어 강력한 흡인력으로 융과 생명이 있는 모든 것을 탐욕스럽게 끌어들이는 듯했다.

여러 해가 지나고 융은 볼링겐의 돌 위에 어린 시절 조각했던 난쟁이와 청년 시절 꿈속에서 본 등불을 든 사람을 본떠 조각했는데, 이는 석각이라는 방식을 통해 등불을 든 인격을 영원히 기리기 위함이었다.

그 꿈을 꾸었던 청년은 이를 미처 생각하지 못했을 수도 있지만 돌에 난쟁이를 새겨 넣은 융은 분명 '시간을 낭비해서는 안 된다'는 사실을 떠올렸을 것이다.

▼

사위체,
아버지의 가르침

Jung

사위체는 거의 전 세계적으로 발생하는 원시적 표상이다. 이는 각종 판단력의 논리적 기초로 누군가 판단력을 시험해보려 한다면 반드시 이 네 단계의 무엇을 얻게 될 것이다.

성경과 서양 신앙에서 숫자 '4'는 '인간'을 뜻한다. 이는 '신'을 '3'으로 대표하는 것과 대비를 이룬다. 다시 말해 서양에서 신은 '삼위일체', 인간은 '사위일체'를 의미한다.

하나님이 창조한 세상에는 애초에 네 개의 강이 흘렀고, 세상은 네 가지 원소 그러니까 땅·불·바람·물로 구성되어 있다. 1년에 사계절이 있음을 고려하면 숫자 '4'는 순환의 의미를 내포하고 있기도 하다. 그러하기에 융은 이 숫자 '4'를 매우 중요시했다.

▼

융은 사위체(四位體)가 거의 전 세계적으로 발생하는 원시적 표상이라 여겼다. 판단력 테스트를 한다면 분명 네 단계의 무언가 또는 네 가지 요소, 네 가지 색상, 네 가지 정신 등을 얻게 될 것이라고 보았다. 어쨌든 뭐든 '4'를 기수로 구분된다고 여긴 것이다.

융은 인간을 심리학적 성향으로 나눌 때도 감각, 사유, 감정, 직감 이렇게 네 가지로 분류해 이를 확실히 이해하면 사람의 심리 전반을 합리적으로 파악할 수 있다고 주장했다. 이와 함께 이 네 가지 개념의 가장 이상적인 표현 형식은 원형 또는 구형이며, 최소의 분열식은 사위체 형식이라고도 했다.

융은 사위체 또는 사원소가 항상 3+1의 구조를 가진다고 생각했다. 예를 들면 세 명의 복음 전도사의 상징물이 동물이면 네 번째 전도사는 천사라는 식이다. 다시 말해서 '네 번째'와 다른 세 개가 합쳐서 선체를 상상하는 '하나'를 구성하는 것이다.

융은 지배를 받지 않는 주체의식을 분석심리학에서의 '네 번째'로 규정하며, 이 주체의식이 의식의 통합을 이루는 개성화 과정에서 매우 중요한 역할을 한다고 보았다.

물론 융의 이러한 인식과 성과는 아버지의 가르침에서 비롯되었다. 아버지는 융에게 생명을 부여하고, 어린 시절 자장가를 불러주며 따뜻한 품을 제공해주었고, 그의 앞날을 무척이나 걱정해주었다.

▼

아버지는 가난한 시골 마을의 목사로, 융의 학비 일부만 마련할 수 있었다. 나머지 부분은 자신의 인자함과 넓은 마음으로 아들을 대신해 바젤대학교에 장학금을 신청했다. 아버지의 명성에 기대 도움을 받고 싶지 않았던 융은 이를 창피하게 생각했다. 사실 신앙을 목숨처럼 여기는 아버지가 자신의 체면까지 내려놓고 도움을 청한 이유는 모두 아들의 앞날을 위하는 마음 때문이었다. 하지만 아들인 융이 이를 알 턱이 없었다.

1892년부터 1894년까지, 융은 아버지와 수많은 토론을 했다. 융이 보기에 당시의 아버지는 시골 마을의 목사로서 감상적인 이상주의와 대학 시절이라는 황금기의 추억에 빠져 있었다.

부자간의 토론은 아무런 결과 없이 흐지부지 끝나기 일쑤였는데, 결국 두 사람은 약속이나 한 듯 토론을 포기했다. 융은 가엾은 아버지의 인생이 기름 가마솥을 벗어나 다시 불구덩이에 뛰어든 것 같다고 생각했다. 하지만 신체적으로나 정신적으로나 점점 쇠약해지는 아버지를 보면서 융은 아버지에게 하고 싶었던 말들을 꾹 삼켰다.

그래도 다행인 건 하나님이 융과 아버지에게 함께 소풍 갈 기회를 주었다는 사실이다. 그해 봄, 융은 드디어 그가 지긋지긋해하던 김나지움의 생활을 끝내고 바젤대학교에 들어갔다. 학술적인 자유로 향하는 황금문이 열린 것이다. 대학 진학 후 융은 아버지가 과거에 몸담았던 학생회 동아리에도 가입했다.

대학교 1학년 때, 동아리에서 떠나는 소풍에 아버지도 함께 한 적이 있었다. 목적지는 마르크그라프의 포도를 재배하고 와인을 빚는 마을이었는데, 그곳에서 아버지는 기상천외한 연설을 했다. 마치 지나간 학창 시절의 유쾌한 기운이 되살아 난 듯 말이다. 그 순간 융은 아버지의 삶이 대학을 졸업한 시기에 멈춰버렸다는 사실을 깨달았다. 그러자 문득 캠퍼스 가요의 노랫말이 떠올랐다.

그들이 축 처진 어깨를 하고 걸어가네.

시정아치의 땅으로 돌아가네.

아아, 나의 하늘이시여.

과거의 모습은 이미 사라지고 없구나!

오, 아버지! 한때는 아버지에게도 세상의 문이 활짝 열렸 었고, 아버지의 앞에도 무한한 지식의 보물이 놓여 있었을 텐데 어째서 지금은 모든 것이 메말라 서글픔만 가득하게 되어버린 걸까? 융은 그 답을 찾지 못했다. 아니, 어쩌면 너무 많은 답을 찾았는지도 모른다.

그 후 얼마 지나지 않아 융의 아버지는 몸져누웠다. 융이 의식이 혼미한 아버지의 침대 맡에 서자 아버지는 가냘픈 목소리로 어머니에게 뭐라 말을 했고 어머니가 이를 전했다.

▼

"네가 국가고시에 합격했는지 아버지가 궁금해하시는구나."

융은 거짓말을 해야만 한다는 사실을 직감하고는 이렇게 대답했다.

"네, 시험을 잘 봐서 합격했어요."

아버지는 그제야 한시름 놨다는 듯 긴 한숨을 쉬고는 영원히 눈을 감았다.

그 후 융은 아버지가 대학 시절에 즐겨 사용한 담뱃대를 들고 아버지의 방으로 들어갔다!

믿든 안 믿든 꿈은 그곳에

Jung

꿈은 정신의 가장 깊은 곳, 가장 은밀한 곳에 숨어 있는 작은 문이다. 이 문은 우주의 밤하늘을 향해 열려 있으며 그 우주의 밤하늘은 내가 인식하기 훨씬 전부터 그곳에 존재한 정신이기도 하다. 정신은 계속 정신일 것이다. 우리의 자의식이 아무리 먼 곳을 향한다고 하더라도…….

아버지가 돌아가시고 6주 후에 융은 꿈에서 아버지를 보았다. 융의 앞에 나타난 아버지는 휴가를 보내러 왔다며 이미 건강이 회복되어 집으로 돌아갈 준비를 하고 있다고 말했다.

아버지의 방으로 거처를 옮긴 후 안 그래도 아버지가 싫어하지 않을까 걱정하던 참이었는데, 다행히 꿈속에서 만난 아버지에게서는 전혀 그런 기색이 보이지 않았다. 한편 융은 아버지가 이미 돌아가셨다고 생각한 자신이 내심 부끄러웠다.

▼

이틀 후 융은 또다시 꿈을 꾸었다. 건강을 회복한 아버지가 집으로 돌아오는 꿈이었다.

'나는 정말 불효자구나. 아버지가 이렇게 멀쩡하신데……'

꿈속에서 융은 어떻게 아버지를 돌아가셨다고 생각할 수 있느냐며 또다시 자기 자신을 나무랐다.

이후 융은 꿈에서뿐만 아니라 현실에서도 끊임없이 자문하기 시작했다.

"아버지가 꿈속에서 집으로 돌아왔다는 건, 그리고 그 모습이 그렇게나 사실적이었다는 건 대체 무슨 의미일까?"

이 잊지 못할 경험은 융이 처음으로 사후의 삶에 대해 생각해보는 계기가 되었다. 이와 함께 융은 생각했다.

'아버지는 날 걱정하고 있는 게 아닐까?'

사실 아버지가 세상을 떠나고 융이 계속 학업을 이어가기가 어려워지긴 했다. 외가 친척들은 융이 가족을 부양하려면 상점의 점원 자리라도 구해 가능한 한 빨리 돈을 벌어야 한다고 했다. 하지만 그렇게 되면 융의 이상은 어떻게 된단 말인가? 어쩌면 아버지는 이런 문제를 걱정했을지도 모를 일이었다.

불행 중 다행으로 삼촌 한 분이 융을 도와주겠다고 나섰고 이에 융은 졸업 때까지 3천 프랑을 빚지게 되었다. 그 외에 부족한 학비는 조교로 일해서 번 돈과 가끔 연로한 고모님을 대신해 그녀가 수집한 우표를 되팔아주고 받는 수고비로 충당했다.

융은 가난했던 이 시기를 절대 잊지 않았다. 이 시기에 비로소 돈과 물건을 아낄 줄 알게 되었기 때문이다.

언젠가 융이 시가 한 갑을 선물 받은 적이 있었다. 아버지의 담뱃대를 물려받아 담배를 필 줄 알았던 융은 그 선물이 무척이나 마음에 들었다. 그러나 융은 이 시가 한 갑을 장장 1년 동안 피웠다. 매주 일요일에 한 대만 피도록 자신과 약속했기 때문이다.

어쨌든 대학생활 시기는 융에게 이성적인 활력이 가득한 아름다운 시절이었다. 동아리에서 신학과 심리학에 관해 여러 번 강연하면서 자신의 재능을 시험해봤을 뿐만 아니라 의학, 철학, 신학 등에 관해서도 토론을 벌였다. 토론의 주제는 주로 칸트와 쇼펜하우어, 고대 로마의 키케로 등이었다.

특히 칸트의 《유령을 보는 자의 꿈》을 읽은 건 정말 시의적절했다. 과학이 많은 지식을 얻을 수 있는 문을 열어주었지만, 진리에 대한 깨달음을 얻는 데는 부족함이 많다고 생각하던 참이었기 때문이다.

융이 정신적 현상에 관한 내용이 담긴 책을 접한 것도 그 무렵이었다. 대학교 1학년 2학기 말에 친구의 집에 놀러 갔다가 친구 아버지의 서재에서 우연히 발견한 그 책에는 강신론(사람이 죽은 뒤에도 영혼은 계속 남아 여러 방법으로 그 존재를 알린다는 주장)의 기원이 서술되어 있었다. 책의 관점은 기괴하고 의심스러웠지만, 이는 융이 처음으로 접한 객관적인 정신 현상에 관한 기록이었다.

이 분야의 책을 독파하고 이를 친구들에게 이야기하자 어떤 이들은 비웃었고, 어떤 이들은 불신했으며, 또 어떤 이들은 항변하기도 했다. 한마디로 다들 그를 거짓말쟁이라고 생각했다. 사실 당시의 융 또한 절대적으로 확신하지는 못했다. 하지만 융은 자신에게 반문했다.

"왜 유령이 존재해서는 안 되는 걸까? 어떤 일이 불가능한 일이라는 걸 어떻게 단정할 수 있단 말인가?"

이에 융은 어떠한 설명도 할 수 없었다. 하지만 그는 시간과 공간, 인과관계라는 제한적인 범주를 뛰어넘은 사건이 얼마든지 발생할 수 있다고 믿었다. 예를 들어 폭풍우와 지진을 미리 감지해내는 동물들, 어떤 이의 죽음을 예견하는 꿈, 누군가의 죽음과 함께 멈춰버린 시계, 위기의 순간 깨진 거울처럼 말이다.

어린 시절 융은 이러한 일들을 그저 당연하게 생각했지만, 이제는 이러한 일들에 관하여 이야기하는 유일한 사람이 되었다. 융은 아주 진지하게 자문했다.

"내가 비틀거리며 걸어 들어온 세계는 대체 어떤 세상인 걸까?"

아무도 융에게 답을 주지 않았지만, 융은 다른 사람이 믿든 안 믿든 꿈은 그곳에 있다고 자신했다.

영매, 말로 설명할 수 없는 체험

나는 이 영매가 속임수를 통해 심령현상을 만들어내려 한다는 사실을 발견했고, 그 후 더 이상 이런 실험에 참여하지 않았다. 그러나 훗날 나는 당시의 내 선택에 후회했다. 영매의 사례를 통해 제2의 인격이 어떻게 형성되고, 어떻게 한 아이의 의식 속에 들어가 그녀에게로 결합되는지를 이해했기 때문이다.

융은 상대가 관심 있어 하는 이야기를 하지 않는 한 모두 소 귀에 경 읽기가 된다는 사실을 뼈저리게 깨달았다. 그러면서 새로운 사상 또는 오래된 사상에 대해 다른 의견을 이야기할 때는 반드시 그를 증명할 만한 사실이 있어야 다른 사람들과 소통할 수 있다는 사실도 알았다. 다시 말해서 사람들에게 무 시당하지 않고 이야기에 힘을 실으려면 '사실'을 기초로 말해 야 했던 것이다.

그러나 당시 융이 알고 있는 구체적인 사실은 하나도 없었다. 융은 그동안 경험을 바탕으로 일을 처리하려 했던 자신의 방식이 옳지 않았음을 깨달았다. 그에게는 눈으로 볼 수 있고, 손으로 만질 수 있는 실제적인 체험이 필요했다.

대학 시절, 융은 우연히 아버지가 계셨던 지역 주교의 한 신학자를 만난 적이 있었다. 이 신학자는 남다른 지성과 박학다식함을 자랑했는데, 그와의 대화를 통해 융은 교회의 신부라든지 종교계율의 역사, 그리고 개신교의 신학에 관한 새로운 지식을 얻을 수 있었다. 이와 함께 융은 종교 문제에는 체험이 가장 중요하다는 기존의 생각을 다시 한 번 확고히 할 수 있었다.

그러던 중 여름방학 때 융에게 많은 영향을 준 사건이 일어났다. 여동생은 학교에 갔고, 융은 방에서 공부하고 있었고, 이머니는 옆방에서 뜨개질하고 있었다. 하녀도 주방에서 한창 바쁘게 일을 하는 중이었다. 어머니가 있던 방은 가족이 다 함께 밥을 먹는 식당으로 어머니가 앉아 있는 자리에서 90센티미터 정도 떨어진 곳에 호두나무로 만든 원형 식탁이 놓여 있었다. 그 식탁은 융의 할머니가 시집을 올 때 혼수로 가져온, 따지고 보면 70년도 더 된 물건이었다.

그런데 갑자기 '펑!' 하는 소리가 들려왔다. 깜짝 놀란 융은 자리에서 벌떡 일어나 소리가 들린 옆방으로 가보았다.

아연실색한 표정으로 팔걸이 의자에 앉아 있는 어머니와

바닥에 떨어져 굴러가고 있는 털실 뭉치가 눈에 들어올 뿐이었다.

"무, 무슨 일이 벌어진 거니? 바로 옆에서 소리가 났는데!"

놀란 어머니는 말까지 더듬으며 그 오래된 식탁을 바라보았다.

어머니의 눈길을 따라 시선을 옮기자 식탁이 끝부분에서 한가운데까지 쩍 갈라져 있었다. 그것도 나무의 결과는 전혀 상관없이 말이다. 융은 호두나무처럼 단단한 목재가 어찌 이렇게 갈라질 수 있는지 의아했다. 춥고 건조한 겨울날 뜨거운 난로 옆에 있었다면 또 모를까, 70년 넘도록 바람에 마른 단단한 호두나무가 어떻게 습도 높은 여름날에 갈라질 수 있단 말인가?

'이건 분명 뭔가 의미가 있을 거야!'

융과 어머니는 이렇게 생각하지 않을 수 없었다.

미스터리한 사건은 여기서 끝이 아니었다. 2주 후 또다시 귀청이 떨어질 만큼 큰 소리가 울려 퍼져 융의 식구들을 극도의 흥분상태로 몰아넣는 일이 발생했다.

이번에 소리가 난 방향은 식탁이 아니라 찬장 쪽이었다. 그러나 온 가족이 몇 번을 살펴보아도 찬장에는 별다른 이상이 없었다. 그래서 융은 내부를 살피기 시작했다. 그때 찬장 안 빵 바구니에 놓인 빵과 빵을 자르는 데 쓰는 칼이 융의 눈에 들어왔다.

▼

그랬다. 바로 그 칼이었다. 융이 발견했을 때 칼은 이미 칼이라고 할 수 없었다. 빵 바구니 한쪽에 칼자루가 놓여 있고, 조각난 칼날이 여기저기 흩어져 있었기 때문이다.

이튿날 융은 망가진 칼을 들고 유명한 도공을 찾아갔다. 그는 돋보기로 자세히 칼의 상태를 살피더니 말했다.

"칼 자체에는 전혀 문제가 없어요. 칼날도 잘 벼렸고. 아무래도 누군가가 일부러 부러뜨린 것 같네요. 한 번에 하나씩 조각을 냈거나 높은 곳에서 돌 위로 떨어뜨렸거나. 철이 그냥 파열될 리는 없으니 누가 장난을 친 걸 거예요."

결론적으로 융은 원인을 찾지 못한 채 그저 조심스럽게 칼날 조각을 보관할 수밖에 없었다.

또 몇 주가 지나고 융은 교령회(交靈會, 산 사람들이 죽은 이의 혼령과 교류를 시도하는 모임)에 대한 소식을 들었다. 영매는 열다섯 살쯤 되는 소녀인데, 그녀가 사람을 몽유 상태로 만들고 혼령을 불러낼 수 있다고 했다. 융은 식탁이 갈라지고 칼날이 조각났던 그 이상한 사건들을 떠올리며 교령회에 참석하기로 했다. 영매와 상관없이 식탁이 움직이는 의심스러운 정황을 발견하고 얼마 못 가 이 실험을 포기했지만 말이다. 그러나 훗날 융은 당시의 결정을 조금 후회했다. 어쨌든 그 교령회를 통해 제2의 인격이 어떻게 형성되는지 알 수 있었기 때문이다.

영매는 조숙한 사람이었는데 폐결핵에 걸려 스물여섯에 세상을 떠났다. 그녀가 세상을 떠나기 2년 전 그녀를 다시 만난 적이 있었는데, 융은 그녀와의 대화를 통해 그녀가 매우 독립적이고 성숙한 사람이라는 인상을 받았다.

영매가 세상을 떠난 후 융은 그녀의 가족에게서 그녀가 죽음을 앞둔 몇 달 동안 개성을 조금씩 잃어가더니 결국 두 살짜리 어린아이로 돌아갔다고 했다. 그녀는 다시 원점으로 되돌아간 셈이었다.

어쨌든 이 모든 사건은 말로는 설명할 수 없지만 융에게 아주 중요한 체험이었다.

정신의학은 운명

Jung

나는 너무나도 감격스러웠다. 번득 스치고 지나간 계시 덕분에 정신의학이야 말로 내가 가야 할 유일한 길이라는 사실을 분명히 깨달았기 때문이다. 내가 관심을 품은 두 줄기의 격류를 하나로 합쳐 물줄기로 만들고, 그 물줄기로 새로운 물길을 낼 방법은 오직 정신의학을 공부하는 것뿐이었다.

1898년부터 융은 의사라는 직업을 가져야겠다고 진지하게 고민하기 시작했다. 생계 문제로 보나 앞으로의 비전으로 보나 전문 지식을 배워야 할 필요가 있다고 생각했기 때문이다.

외과의와 내과의 중 융의 마음이 기운 쪽은 전자였다. 전문 해부학 훈련을 받은 데다 성적까지 좋았고, 무엇보다 진화론과 비교해부학에 관심이 많아 학생 신분으로 조교를 할 정도로 교수님의 신임까지 얻은 터였다.

하지만 융은 생체해부라는 과목에는 상당한 반감을 품고 있었다. 할 수만 있다면 해당 과목을 빼먹고 싶을 정도였고, 그런 까닭에 턱걸이로 겨우 시험을 통과할 수 있었다.

두 학기 동안 임상의학을 공부하느라 바빴던 융은 다른 분야의 지식을 섭렵할 시간이 거의 없었다. 그럼에도 융은 호기심에 이끌려 니체의 책을 읽었다. 맨 처음 니체의《차라투스트라는 이렇게 말했다》를 접했을 때 융은 이 책이 괴테의《파우스트》와 마찬가지로 자신에게 또 한 번의 중요한 체험이 될 것임을 예감했다.

융에게 차라투스트라는 니체의 파우스트인 셈이었다.《파우스트》가 융에게 하나의 문을 열어주었다면《차라투스트라는 이렇게 말했다》는 융의 문을 '쾅' 하고 닫아놓았고 꽤 오랫동안 닫힌 상태를 유지하게 했다. 융은 자신이 소 두 마리가 주술에 걸려 한 고삐에 머리가 매여 있는 것을 발견한 니체 글 속의 늙은 농부와 같다고 느꼈다.

그랬다. 이상은 심원하지만, 현실은 초라했다. 융은 대학에 진학하기 위해 이미 많은 빚을 진 상태였고, 그랬기에 누구보다도 급료를 받을 수 있는 주립병원 레지던트 자리가 절실했다. 의무소에서 인턴으로 일하는 동안 융은 닥터 밀러의 눈에 들었고 인턴 기간이 끝나갈 즈음 자신의 조수로 함께 뮌헨으로 가지 않겠냐는 제안을 받았다. 아마 미래에 대한 모든 염려를 날려준 그 사건이 일어나지 않았다면 융은 내과의로 살았을지도 모른다.

그렇다면 어려서부터 선택장애가 있었던 융의 마음을 단번에 돌려놓은 그 사건은 뭐였을까? 엄밀히 말해 그의 마음을 돌려놓은 것은 한 사람의 책이었다. 그 사람의 이름은 크라프트에빙이었다. 그는 그라츠의 한 정신병원 원장을 지내며 정신의학을 연구해 해당 분야의 전문가가 된 독일인이었다.

융이 읽은 책은 바로 이 크라프트에빙이 쓴《정신의학》이라는 책이었는데, 이 책은 그가 살아 있을 동안에만 일곱 번이나 재판되었다. 융은 그전부터 줄곧 정신의학 수업을 들어왔지만, 교수님의 강의에 전혀 흥미와 호감을 느끼지 못했었다. 사실《정신의학》이라는 책을 펼친 것도 순전히 시험을 준비하기 위해서였다. 처음 책장을 넘기며 융은 생각했다.

'자, 그럼 정신의학자가 자신을 위해 어떤 변명을 늘어놓는지 한번 볼까?'

융이 이렇게 생각한 데는 이유가 있었다. 당시 의학계는 정신의학 분야를 경시하는 분위기였다. 정신의학에 대해 제대로 알고 있는 사람도 없었을 뿐만 아니라 인간을 종합적으로 파악해 각종 병리적 변화를 심리학에 포괄하려는 시도도 없었다.

정신병원 의사는 환자와 함께 정신병원에 갇혀 있어야 하는 존재였고, 심지어 병원도 외부와의 교류가 단절된 나병 병원처럼 도시 외곽에 격리되어 있었다. 길을 지나는 사람들조차 병원 쪽으로는 눈을 돌리려 하지 않았으며 의사들 역시 아는 게 별로 없는 문외한이나 다름없었다.

이렇듯 정신병 자체를 불치병이라 여기고 정신과 의사를 괴짜로 생각하던 때라 당연히 정신의학을 공부하겠다는 사람은 거의 없었다. 그러나 융은 시험 준비를 위해 꺼내 들었던 크라프트에빙의 책 서문에 눈길을 사로잡혔다. 《정신의학》의 서문에는 이렇게 적혀 있었다.

'정신의학 분야의 교과서가 어느 정도 주관적인 성격을 띠는 것은 아마도 이 과목의 특수성과 학문으로서의 불완전성 때문일 것이다.'

이 문장에 마음을 빼앗긴 융은 서둘러 책을 읽었고 그 속에서 '인격의 병'이라는 단어를 발견했다. 저자는 정신병을 '인격의 병'이라 일컬었다.

'아, 인격의 병!'

순간 융의 심장이 두근대기 시작했다. 어찌나 두근대던지 심장이 목구멍까지 튀어 오를 것만 같았다. 융은 흥분을 가라앉히기 위해 자리에서 일어나 심호흡을 했다.

융이 이렇게 흥분한 이유는 번득 스치고 지나간 계시 덕분에 정신의학이야말로 자신이 가질 수 있는 유일한 목표라는 사실을 분명히 깨달았기 때문이다. 융은 자신이 관심을 품은 두 줄기의 격류를 하나로 합쳐 물줄기로 만들고, 그 물줄기로 새로운 물길을 낼 방법은 오직 정신의학을 공부하는 것뿐이라고 생각했다. 융에게 정신의학은 생물학과 정신적 사실이 공존하는, 새로운 경험의 장 그 자체였다. 한마디로 융은 그동안 그토록 찾아 헤맸지만 찾지 못했던, 자연과 정신의 충돌이 현실이 되는 학문을 알게 되었음에 흥분을 감추지 못한 것이었다.

자신의 온 인격으로 '인격의 병'을 바라본 크라프트에빙의 글은 정신의학에 대한 융의 생각을 180도 바꿔놓았고, 융은 자신도 모르는 사이 정신의학에 완전히 사로잡히고 말았다. 그렇게 융은 정신의학과를 선택하기로 최종 결정을 내렸다. 물론 융을 아끼던 교수님은 융의 결정에 놀라움과 실망감을 드러냈고 그의 친구들 역시 그의 선택을 이해하지 못했다.

친구들은 융을 바보라고 생각했는데 솔직히 융 본인조차도 자신이 이런 결정을 내리라고는 꿈에도 생각하지 못했다. 내과의가 되어 탄탄대로를 달릴 기회를 포기하고 정신과 의사라는 외지고 험난한 길을 선택할 줄이야! 그야말로 융은 손만 뻗으면 잡을 기회를 날려버린 것이었다.

물론 융도 자신이 그 누구도 따라올 수 없고, 또 따라오고 싶어 하지도 않는 길을 선택했음을 잘 알고 있었다. 그러나 그 누구도, 그 어떤 일도 자신의 결심을 흔들어놓을 수 없다는 사실 또한 잘 알고 있었다.

융은 자신의 결정에 일리가 있으며 이런 결정을 한 것은 운명이라고 확신했다. 융의 앞길은 밝았지만 동시에 험난했다.

▼

Chapter 4

정신적 치유;
연상 테스트의 효험

"

융,
마음이
단단한 사람

두 줄기의 강물이 하나로 만나자 급류가 형성되었다. 최종 결정을 내린 융은 '인격의 병'의 비밀을 탐색하겠다는 꿈을 안고 조금의 미련도 없이 더 큰 세계로 나아갔다.

1900년 12월 10일, 세기를 뛰어넘은 그해의 마지막 달에 융은 바젤을 떠나 취리히로 향했다. 부르크횔츨리 정신병원의 레지던트 자리를 얻었기 때문이다.

정신병원에서 일을 시작하고 초반 몇 년 동안 융은 수련의로서 모든 것을 처음부터 다시 시작해야 했다. 당시 융의 관심사는 오직 '정신병자의 내면에서는 대체 어떤 일 벌어질까?'라는 질문의 답을 얻는 것이었다. 융 앞에는 갖가지 사례가 놓였고, 젊은 융은 초심자로서 신중하게 자신의 의문을 제기하며 조심스럽게 연상 테스트를 시작했다.

융은 정말 경솔하게 행동하고 싶지 않았다. 그가 마주해야 하는 사람들은 난폭하고 우울한, 정신이 어디에 있는지 모르는 정신이상자들이었기 때문이다. 융은 의사로서 항상 환자들이 자신에게 전달하고 있는 메시지가 무엇인지, 그들이 자신에게 어떤 의미인지를 자문했다.

'콤플렉스'란 환자의 비밀로 이 비밀을 알아야 치료의 열쇠를 쥘 수 있다고 생각한 융은 환자의 비밀을 알아내기 위해 모든 가능성을 열어두고 하나하나 고집스럽게 파고들었다. 하늘은 스스로 돕는 자를 돕는다는 말처럼 융에게도 행운이 따랐고, 그는 드디어 미지의 정신 영역을 정복했다.

정신병자에게 융이 시도한 치료법은 그 효과가 상당했다. 물론 융이 시도한 방법은 일반적 의미의 치료가 아니라 그가 최초로 고안한 연상 테스트였다. 융은 이 연상 테스트를 통해 사람에게는 여러 '콤플렉스'가 존재한다는 국제적 명성을 지닌 사실을 발견했다.

우울증은 치매가 아니다

Jung

나는 그녀가 살인범임을 알아챘다. 이것이 바로 그녀가 우울증을 앓게 된 중요한 이유였다. 본질적으로 그녀의 우울감은 심리적 원인에 기인한 것이지, 정신분열증 때문이 아니었다.

한 젊은 부인이 '우울증'으로 정신병원에 입원했다. 의사는 언제나 그렇듯 병력을 묻고 신체검사를 비롯한 각종 검사를 진행한 후 그녀에게 당시의 표현으로 조발성치매, 즉 정신분열증의 예후가 좋지 않다는 진단을 내렸다.

때마침 융이 속한 분과에 맡겨져 융은 이 환자와 접촉할 기회가 생겼다. 물론 당시 융은 다른 의사가 내린 진단을 대놓고 의심하기엔 아직 새파란 신참일 뿐이었고, 그런 까닭에 함부로 새로운 진단을 내릴 수 없었다. 그러나 이 환자의 행동은 아무리 생각해도 좀 이상했다.

융은 그녀의 증상이 정신분열증이 아닌 일반적인 우울증이라고 생각했다. 그 시기에 마침 연상 진단법을 연구하고 있던 그는 환자와 함께 연상 테스트를 해보기로 결심했다. 융은 차분한 목소리로 잡담을 나누듯 가볍게 질문을 던졌다.

"어떤 꿈을 꾸셨나요?"

그녀가 털어놓은 꿈 이야기를 통해 융은 그 속에 숨겨진 참혹한 진실을 들춰냈다.

사실 이 부인은 결혼 전에 한 부유한 사업가의 아들과 알고 지내던 사이였다. 부잣집 아들에 멀끔한 외모를 지녔던 그는 당연히 많은 여성의 관심 대상이었다. 그녀도 나름대로 외모에 자신이 있던 터라 그가 자신을 바라봐줄지도 모른다고 생각했지만, 그 남자는 그녀에게 전혀 호감이 없는 눈치였다. 이에 그녀는 그에 대한 마음을 접고 다른 남자에게 시집을 갔다. 그러나 이야기는 이것으로 끝이 아니었다.

5년 후 이미 1남 1녀의 어머니가 된 이 부인이 그 부잣집 아들의 이야기를 전해 듣게 된 것이었다. 소식에 따르면 과거 그녀가 결혼할 때 그가 꽤 충격을 받았다고 했다. 이때부터 부인의 마음은 소란해지기 시작했다.

'내가 결혼하는 게 왜 충격이었을까? 그가 내게 마음이 있었던 걸까? 설마 내가 절호의 기회를 차버린 건 아니겠지?'

그녀는 이에 관한 생각을 하느라 반쯤 넋이 나가 있었고, 결

▼

국 아이들을 목욕시키다 대참사가 벌어지고 말았다.

그녀가 살던 시골 마을에서는 마시는 물과 목욕이나 빨래에 사용하는 물이 달랐다. 샘물은 마실 물로 사용하고 깨끗하지 않은 강물은 목욕이나 빨래에 사용하는 식이었다. 하지만 정신이 온통 다른 데 팔려 있던 그녀는 아이들을 목욕시키는 동안 딸이 목욕 스펀지를 빠는지도 몰랐고 심지어 목욕물을 아들에게 먹이기까지 했다.

그 후 공교롭게도 그녀가 애지중지하던 딸이 장티푸스에 걸려 앓아눕게 되었고 끝내 세상을 떠났다.

이 사건은 그녀에게 상당한 충격을 안겼다. 자식을 잃은 슬픔은 일반인이 감당하기에도 어려운 일인데 우울증 초기 증상을 보이던 그녀는 오죽했으랴! 결국 그녀는 우울증이 급격히 심해져 정신병원에 입원하게 된 것이다.

물론 여기까지의 이야기는 그녀가 직접 털어놓은 것이 아니라 융이 그녀의 꿈을 바탕으로 연상 테스트를 진행해 분석해낸 결과로, 이를 통해 융은 그녀가 살인범이라는 결론을 도출했다.

이것이 바로 그녀가 우울증을 앓게 된 중요한 이유였다. 본질적으로 그녀의 우울감은 심리적 원인에 기인한 것이지, 정신분열증 때문이 아니었다.

'그렇다면 치료를 위해 어떤 조치를 취해야 할까? 그녀에게 사실대로 말해줘야 할까? 그에 따른 책임을 내가 짊어질

▼

수 있을까?'

　융은 이러한 일련의 문제들에 직면했다. 이는 단순히 책임의 문제가 아니라 양심이 걸린 문제였으며 오롯이 혼자 감당해야 할 일이었다. 무엇보다 한 사람을 살인범으로 단정하는 일은 결코 작은 일이 아니었다. 그렇다고 동료들과 상의할 수도 없었다. 그들은 아마도 이렇게 말할 터였다.

　"절대 그녀에게 말하면 안 돼. 그녀에게 사실을 말한다면 그녀의 증상이 더 악화될 거야."

　그러나 심리학적으로 분석했을 때 융이 생각하는 결과는 이와 정반대였다.

　물론 이 일을 동료들이 알게 되면 공개토론이 열릴 테고 심지어 소송을 당할지도 모를 일이었다. 게다가 이 문제를 놓고 공개토론을 진행한다면 안 그래도 나약한 그녀의 정신 상태에 재앙과도 같은 결과를 가져올 가능성이 있었다. 융은 그녀가 이미 가혹한 운명의 벌을 받았으니 이제는 자신의 삶으로 돌아가 그 안에서 속죄하고 병을 치료해나가야 한다고 생각했다.

　결국 융은 책임과 위험부담이 따르더라도 자신의 방법을 시도해보기로 마음먹고 테스트를 통해 알게 된 모든 사실을 그녀에게 알려주었다. 최악의 경우를 생각하며 시도한 결과는 그 자신도 믿을 수 없을 만큼 놀라웠다. 2주 후 그녀가 퇴원하게 된 것이다. 비록 무거운 생각의 짐을 얻고 병원을 떠나야 했지만, 그 후로 다시는 정신병원에 발을 들이지 않았다.

　이로써 우울증은 조발성치매가 아님이, 융이 옳았음이 증명되었다.

잠이 드는 것과는 다른 최면술

Jung

내가 말을 끝내기도 전에 그녀는 두 눈을 감고 깊은 잠에 빠져들었다. 나는 그녀에게 그 어떤 최면도 걸지 않았는데 말이다.

정신병원을 찾는 환자 대부분은 가슴속에 꼭꼭 묻어둔 이야기, 보통 사람들은 알 수 없는 그런 이야기들을 안고 진료를 보러 온다. 그러나 융은 자신만의 연상 테스트를 통해 굳게 잠긴 환자의 마음을 열었고, 이로써 '보통이 아닌' 사람이 되었다.

정신의학 분야에서 큰 성과와 진전을 거두면서 융의 직위는 수직 상승했다. 1905년 취리히대학교에서 정신의학 강의를 맡게 되었고 같은 해에 정신의학과의 치프 레지던트로 진급해 4년 동안 그 자리를 지켰다. 1909년 융은 어쩔 수 없이 치프 레지던트의 직을 내려놓아야 했는데, 물론 이는 그가 일을 제대로 하지 못해서가 아니라 파격 승진을 했기 때문이었다.

당시 융은 상당히 바쁜 나날을 보냈다. 개인적으로 환자들을 진료하면서 연상 진단법에 대한 테스트를 지속해갔다. 물론 환자들은 제 발로 그를 찾아왔고, 그는 이미 교수가 되어 있었다. 1913년까지 융은 줄곧 정신병리학을 가르쳤으며 프로이트의 정신분석 기초와 미개인의 심리학 강의를 맡았다.

두 학기 동안은 최면술에 대해 집중적으로 강의했는데 융은 수업 시간이면 으레 학생들에게 시범을 보이며 환자의 과거 병력에 대해 자세히 알아보는 시간을 가졌다. 다음 사건도 이런 상황에서 발생했다.

어느 날 종교적 신앙이 독실해 보이는 한 중년 부인이 진료를 받으러 왔다. 그녀는 쉰여덟 살로, 하녀의 부축을 받으며 지팡이를 짚고 있었다. 그녀가 말했다.

"제 왼쪽 다리가 마비된 지 벌써 십칠 년이라 고생이 이만 저만이 아니랍니다!"

융은 가볍게 고개를 끄덕이며 그녀에게 편안한 자리를 권한 후 부드러운 목소리로 말했다.

"병력에 대해 말씀해주시겠어요?"

중년 부인은 이야기보따리를 풀어 자신의 온갖 사연을 시시콜콜 말했다. 결국 융이 그녀의 이야기를 끊으며 말했다.

"좋습니다! 더 자세히 이야기하기에는 시간이 없으니 이제 최면술을 진행하도록 하죠."

그런데 융의 말이 채 끝나기도 전에 그녀는 두 눈을 감고 깊은 잠에 빠져들었다. 순간 의아함과 난처함을 느낀 융은 속으로 생각했다.

'아직 최면을 걸지도 않았는데!'

어쨌든 융은 그녀의 잠을 방해하지 않기로 했다. 그녀는 잠이 든 상태였지만 쉬지 않고 입을 놀렸다. 물론 그녀가 하는 말은 모두 잠꼬대였다. 융은 이러한 상황이 언짢았다. 겉으로 보기에 그녀는 잠이 든 게 아니라 극도의 흥분 상태였기 때문이다. 하지만 융은 자신이 원래 최면술을 실시하려고 했다는 사실을 상기하며 스무 명이 넘는 눈이 자신을 쳐다보고 있다는 사실을 잊지 말자고 생각했다.

30분쯤 후 융은 환자를 깨우려 했지만, 그녀는 깨어나지 않았다. 순간 융은 불안했다.

'설마 내가 잠재되어 있던 그녀의 정신병을 건드린 건 아니겠지?'

다시 10분 정도의 시간을 들여 융은 그 중년 부인을 깨울 수 있었다. 잠에서 깨어난 그녀는 정신이 몽롱한 상태였다. 자신이 어디에 있는지, 무슨 일이 있었는지 모르는 눈치였다. 그녀의 이런 모습을 보자 융의 가슴은 두근거렸다. 전혀 예측하지 못한 상황이었기 때문이다. 그러나 학생들에게 긴장한 모습을 들킬 수는 없는 노릇이었기에 융은 가슴을 쫙 펴고 그녀에게 분명히 말했다.

▼

"저는 의사인데 모든 게 정상이네요."

융의 말을 들은 그녀는 큰 소리로 말했다.

"이제 다 나은 거군요!"

그러더니 지팡이를 던져두고 자리에서 일어나 걷기 시작했다. 이를 본 융은 당황스러움에 얼굴이 홍당무가 되었지만, 뻔뻔스럽게 학생들에게 이렇게 말할 수밖에 없었다.

"자, 이것으로 최면술이 얼마나 효과적인지를 알 수 있겠죠!"

사실 그때의 융은 일이 어떻게 된 건지 전혀 알지 못했지만, 어쨌든 17년을 괴롭혔다는 부인의 병이 고쳐졌다는 건 명백한 사실이었다.

이듬해 여름방학 때, 그 부인이 다시 융을 찾아왔다. 이번엔 요통이 극심하다고 했다. 융은 다시 그녀에게 최면술을 진행하려 했고 이번에도 그녀는 자동으로 잠에 빠져들더니 요통이 사라졌다고 했다.

얼마 후 이 부인은 융을 자신의 양아들로 삼아 그가 자신의 병을 고쳐줬다며 이곳저곳에 소문을 냈다. 그 덕분에 융은 현지에서 일명 '주술사'로 통하며 유명세를 떨쳤고, 그를 찾는 환자들이 줄을 이었다.

그 부인의 사례는 융이 환자를 치료하면서 처음 겪은 일이었다. 그전까지만 해도 융은 환자를 치료하는 데서 늘 자신이 주도권을 쥐고 있었다. 비록 이 역시 분석과 테스트를 통해 얻은 것이었지만 모든 과정에 확신이 있었다. 그러나 이번만큼은 좋은 결과에도 불구하고 자신이 뭘 했는지 전혀 알 수 없었다. 이는 융이 바라던 바가 아니었기에 결국 그는 최면술을 포기했다.

오이디푸스 콤플렉스에는
반드시 극약 처방이 필요하다

Jung

연상 테스트를 진행한 결과 그는 오이디푸스 콤플렉스에 시달리고 있음을 발

견했다. 나는 그 몰래 그의 어머니에게 의사소견서를 건넨다.

융은 자신의 임의대로 결정을 내리고 환자에게 이래라저래
라 하는 것을 좋아하지 않았다. 그는 환자의 타고난 성향을 파
악해 환자 스스로 자연스레 치유되는 방법에 관심을 기울였
다. 이를 위해서 융은 여러 꿈과 무의식에 대해 상세한 분석
및 연구를 할 필요가 있다고 느꼈다.

1904년부터 1905년까지 정신과에 정신병리 실험실을 개설
하고 자신의 몇몇 학생과 함께 연상 테스트와 심리전기반응
실험을 진행했다. 그 덕분에 1909년에는 클라크대학교로부터
강연 요청을 받았고 '명예법학박사' 칭호를 받았다.

▼

미국에서도 명성을 얻으면서 융의 인지도가 크게 상승하자 그의 이름을 듣고 그를 찾는 환자가 더욱더 많아졌다. 그중에는 미국 동료에게 소개를 받고 찾아온 사람도 있었다. 그의 진단서에는 이렇게 적혀 있었다.

'알코올중독성 신경쇠약, 예후: 완치 불가.'

솔직히 말하면 환자를 보낸 미국 동료는 융에게 환자를 보낸다고 그가 나아질 거라고 확신하지 않았다. 그 때문에 환자에게 융 말고도 베를린에 있는 한 정신의학 권위자를 추천해주기도 했다.

환자가 진료를 받으러 왔을 때 융은 평소와 다름없이 이 환자와 이야기를 나누었다. 환자는 자신이 부유하고 명망 있는 집안 출신임을 간단하게 소개하더니 사랑스러운 아내와 걱정할 것 없는 삶을 살고 있다며 그저 술을 좋아할 뿐이라고 말했다. 그러나 그가 왜 술을 마시는지는 일절 언급하지 않았다.

환자가 입을 열자마자 그가 일반적인 신경증을 앓고 있다고 판단한 융은 그에게 연상 테스트를 진행했다. 그 결과 이 환자가 오이디푸스 콤플렉스(아들이 동성인 아버지에게는 적대적이지만 이성인 어머니에게는 호의적이며 무의식적으로 성적 애착을 가지는 복합감정)에 시달리고 있음을 발견했다.

그는 어머니가 소유한 대기업에서 주요 경영자로 일하며 비범한 능력을 뽐내고 있었다. 하지만 어머니의 눈에 아들은 영원한 '아이'였고 이는 집에서나 회사에서나 마찬가지였다.

그 때문에 그의 어머니는 자신의 권위가 절대적이며 아들은 반드시 자신의 명령에 복종해야 한다고 여겼다. 의견 대립이 발생해도 옳은 쪽은 언제나 어머니였다. 즉, 어머니가 아들에게 모종의 압박감을 주고 있었던 셈이다.

아들은 진즉 어머니의 억압에서 벗어나야 했지만 그럴 용기를 내지 못했고 회사 내 2인자라는 자리를 포기할 수도 없었다. 그러니 어머니에게 쥐여지낼 수밖에 없었던 것이다. 행복해 보이는 생활에 환자는 고충이 있어도 차마 말을 하지 못했고 오직 술을 마시는 것으로 자신을 무디게 만들어 그 압박감을 잊으려 했다. 물론 이 방법은 아무 소용도 없었다.

융의 짧은 치료 후 환자는 술을 끊고 자신이 완치되었다고 생각했다. 그러나 융은 그에게 분명히 말했다.

"다시 이전 상황으로 돌아간다면 병이 재발하지 않는다는 보장이 없습니다."

그럼에도 이 환자는 융의 말을 믿지 않고 걱정하지 말라며 기분 좋게 미국으로 돌아갔다.

과연 융의 예상은 틀리지 않았다. 어머니의 영향권으로 돌아간 그는 다시 술잔을 드는 일이 많았다.

결국 그 환자의 어머니까지 융을 찾아오기에 이르렀다. 그의 어머니는 융에게 아들을 치료할 방법을 물었다. 그녀는 똑똑한 여인이었지만 동시에 전형적인 '권력욕의 화신'으로 아들과 자신 사이에 경쟁은 있을 수 없다고 여겼다. 물론 아들의 병이 왜 생겼는지 그녀는 알지 못했다.

하지만 융은 알았다. 신체적 조건으로든 개인적 매력으로든 아들은 어머니의 상대가 아니라는 사실을 말이다. 그렇다면 융은 어떻게 했을까?

사실 융은 그 아들이 완치되었다고 자신하며 병원을 떠난 그날부터 이런 날이, 그의 어머니와 마주할 순간이 올 것임을 예감했다. 물론 이미 치료법도 생각해두었다. 다만 이를 적용해야 하는지에 대해서는 확신이 없었다. 상식적으로 따지면 그가 생각한 방법은 윤리 규범에 어긋나는 것이었기 때문이다. 그 방법이란 무엇이냐?

지독한 오이디푸스 콤플렉스를 가진 환자에게는 강압적인 치료 방법이 필요했다. 속된 말로 그가 젖을 떼게 할 극약 처방이 필요했던 것이다. 환자 스스로 어머니의 그늘을 떠날 결심을 하지 못하니 의시가 도움을 줄 수밖에⋯⋯.

결국 융은 환자를 위해 어쩔 수 없는 선택을 하기로 했다. 환자 몰래 그의 어머니에게 아들이 폭음으로 정상적인 업무 처리가 불가능하다는 의사소견서를 건네 그를 해고할 것을 권고했다.

그의 어머니는 융의 권고를 받아들였다. 물론 그 환자는 이 사실을 알고 융에게 불같이 화를 냈다. 그러나 훗날 어머니에게서 독립한 그는 폭음하는 버릇을 극복하고 신경증도 회복했으며 자신만의 길을 개척해 큰 성공을 거뒀다.

▼

‘오이디푸스 콤플렉스’를 지닌 자녀들과 ‘권력욕의 화신’
인 어머니들은 이 이야기를 어떻게 생각하는가?

도덕적 질타, 소리 없는 심판

Jung

> 그녀는 사람들과 동물이 모두 자신을 멀리하는, 소리 없는 심판을 받았다. 나는 이처럼 완전히 고립된 상황에서 그녀가 어떻게 계속 살아갈 수 있을지 상상이 되지 않았다.

융은 살인죄를 저지른 사람은 결국 그 벌을 받게 되어 있다는 결론을 내렸다. 비록 죄인이 법적인 제재를 피한다 해도 언젠가는 벌이 내려진다고 생각했다. 본인이 범죄를 저질렀다고 생각하지 않는다 해도, 다른 사람에게 범죄 사실을 들키지 않았다 해도 도덕적 질타와 심판을 피해갈 수 없으며 동물과 식물마저도 그의 범행을 알아차린 듯한 느낌을 받게 될 것이라고 보았다.

융의 이러한 결론은 전혀 근거 없는 낭설이 아니라 실질적

증거가 있는 사실이었다.

어느 날 한 부인이 융을 찾아왔다. 그녀는 자신의 이름을 밝히길 거부하며 어차피 이번 방문이 마지막이 될 테니, 이름 같은 건 뭐라 불러도 상관없다고 말했다. 융은 이 부인이 상류층 사람이라는 사실을 단번에 알아차렸다.

부인은 자신의 이름을 숨긴 채 융에게 놀라운 비밀을 털어놓았다. 그 이야기는 그녀 자신과 융 말고는 아는 사람이 없는, 엄밀히 말하자면 일종의 자백이었다.

약 20년 전 부인은 질투심에 사람을 독살했다고 했다. 상대는 그녀의 절친한 친구였는데 그 친구의 남편이 탐이 나 범죄를 저질렀다고 했다. 그녀는 의사라는 직업을 이용해 교묘하게 독을 썼고 아무도 그녀의 범행을 알아차리지 못했다. 그 후 그녀는 자신의 바람대로 그 남자와 결혼을 해 딸 하나를 낳았다.

그녀는 범죄 사실을 늘키지만 않는다면 불안함을 느낄 일도 없을 거라고 생각했다. 그녀에게 도덕성은 전혀 중요하지 않았다. 그러나 결혼 후 얼마 지나지 않아 남자는 젊은 나이에 세상을 떠나고 말았다. 이뿐만 아니라 이후 몇 년 동안 이상한 일들이 연이어 발생하기 시작했다.

결혼하고 낳은 그녀의 하나뿐인 딸이 성인이 되어 그녀의 곁을 떠날 날만을 기다리더니 결국 일찌감치 결혼해 그녀가 볼 수 없는 먼 곳으로 이사를 가버렸다. 그녀와 모든 관계를 끊기까지 그녀의 딸은 그녀를 점점 멀리했고 마치 세상에서

증발해버린 듯 그렇게 그녀 곁에서 사라졌다.

외톨이가 된 그녀에게 남은 건 그녀가 사랑하는 몇 필의 말이 전부였다. 승마광이던 그녀는 승마로 외로움을 달래려 했지만 이마저 여의치 않았다. 언제부터인가 말들이 그녀를 거부하는 듯했고 심지어 그녀가 가장 사랑해 마지 않는, 그녀를 가장 잘 알아주는 말마저도 그녀를 피하며 그녀를 태우길 거부했기 때문이다. 결국 부인은 승마를 포기할 수밖에 없었다.

이후 그녀는 강아지에게로 관심을 옮겨 셰퍼드 한 마리를 키우기 시작했다. 그러나 이것이 무슨 운명의 장난인지 그녀의 셰퍼드는 사냥은커녕 걸음을 걷지도 못했다. 마비증에 걸려 처음엔 다리를 절더니 끝내 기어 다닐 수밖에 없게 된 것이다.

이에 그녀는 자신이 도덕적 질타와 소리 없는 심판을 받고 있다고 생각했다. 그녀가 살인을 저지르기 전엔 한 번도 생각해보지 못했던 일들이 일어났기 때문이다.

범행을 저지른 후 법적인 제재는 받지는 않았지만, 그녀는 참을 수 없는 고독에 빠져 허덕였고 심지어 동물들조차 자신을 멀리한다고 느꼈다. 그녀는 고독에서 벗어나려면 마음속 깊이 묻어둔 자신의 비밀을 누군가에게 털어놓아야 한다고 생각했다. 그렇다면 그 상대는 고해성사를 들어주는 목사가 아니라 의사여야만 했다. 목사는 직업적 특성상 자신의 이야기를 있는 그대로 받아들이기보다 도덕적 잣대로 판단을 할 것이라 생각해서였다. 이미 소리 없는 심판을 받은 그녀로서는 더 이상의 비난을 견딜 수 없었다.

그런 와중에 결국 그녀는 융을 선택했다. 그녀가 정신과 의사를 자백 대상으로 삼은 또 다른 이유는 아마 삶의 마지막 지푸라기라도 잡고 싶었기 때문이리라. 하지만 그게 무슨 소용이겠는가?

무의식이 만들어낸 병을 고치고 마음속 '콤플렉스'를 풀어주는 정신과 의사가 실질적인 범죄를 저지른 부인에게 해줄 수 있는 일이라곤 그저 그녀의 이야기에 귀를 기울이는 것뿐이었으니 말이다.

부인이 다녀가고 융은 가끔 이렇게 자문했다.

"그녀는 어떻게 되었을까? 외로움을 이기지 못하고 스스로 목숨을 끊지는 않았을까?"

그동안 수많은 연상 테스트를 통해 사람의 마음을 헤아려온 그도 그 부인의 끝은 상상이 되지 않았다. 세상으로부터 완전히 버림을 받은 외로운 처지에 그녀가 얼마나 살아갈 수 있을지도 가늠이 되지 않았다. 그녀가 자살하지 않았다고 하더라도 산송장과 다를 것이 무엇이겠는가?

지금, 당신이 위험에 처해 있다면 이것만큼은 반드시 기억하라! 무슨 일이 있어도 '선'을 넘어서는 안 된다.

신경성 반복 동작은
심리적 요소에서 기인한다

Jung

그녀는 제화공과 사랑하는 사이였다. 그러나 제화공은 이런저런 이유로 그녀를 아내로 맞이하지 않았고, 그와의 관계가 끝나면서 그녀에게는 '일'이 생겼다. 그녀의 사례를 통해 나는 정신분열증에 심리적 요소가 작용한다는 사실을 알 수 있었다.

융은 의사에게 임상진단이 꼭 필요하며 매우 중요하다고 생각했다. 의사가 환자에게 실질적인 도움을 주려면 환자의 사연부터 파악해야 한다는 것이 융의 생각이었다. 환자가 말하는 사연에는 환자가 지나온 세월과 그 안에서 받은 고통이 담겨 있고, 이를 정확히 파악했을 때 비로소 의사의 치료법이 효과를 발휘할 수 있다고 믿었기 때문이다.

여성 병동에 있던 한 늙은 환자가 바로 그 예였다. 그녀는 일흔다섯쯤 되는 늙은 환자로, 꽤 오랫동안 병원 신세를 졌다. 약 50년 전에 병원에 입원했는데, 그녀가 처음 입원했을 때 일했던 직원들은 모두 세상을 떠난 상태였다. 남아 있는 사람들은 그녀보다 늦게 병원생활을 시작한 터라 그녀가 어떻게 입원하게 되었는지를 아는 사람은 없었다. 그나마 병원에서 35년간 일한 수간호사만이 그녀의 사연을 조금 알고 있을 뿐이었다. 수간호사는 그녀가 40년 넘게 병상에 누워 있었다고 말했다.

융이 이 노부인을 만났을 때 그녀는 이미 병상에서 일어날 수 없는 상태였다. 말도 하지 못했으며, 유동식과 반유동식으로 겨우 연명했다. 그녀는 손가락으로 음식을 먹었는데 이를테면 손가락에 음식을 묻혀 한 방울씩 입에 넣는 식이었다. 그 때문에 종종 우유 한 잔을 먹는 데 두 시간 가까이 걸리기도 했다. 그랬다. 그녀는 우유를 마시는 게 아니라 먹었다. 어쩌면 손가락으로 밥을 먹는 게 그녀의 삶의 전부였는지도 모른다. 융은 그녀를 보며 생명의 강인함과 위대함에 감탄을 금치 못했다.

이후 융은 그녀가 밥을 먹지 않을 때도 하는 일이 있다는 사실을 발견했다. 반신불수의 몸으로 두 손과 팔만 겨우 움직일 수 있었던 그녀가 이상한 동작을 끊임없이 반복하고 있었던 것이다.

'뭘 하는 거지? 운동이라도 하는 건가?'

정신병이 환자의 삶을 어떻게 파괴하는지 잘 알고 있는 융이었지만 노부인의 반복적인 행동에 어떤 의미가 있는지, 이를 어떻게 해석해야 할지에 대해서는 도무지 답이 나오지 않았다.

그도 그럴 것이 당시 융은 아직 수련의에 불과했다. 정신의학이 대체 무엇인지도 아직 완벽하게 알지 못하는 시기였기에 주치의나 동료들 곁에 있으면 왠지 모를 거북함까지 느껴졌다. 성취감으로 가득해 보이는 그들에 비해 자신은 끊임없이 어둠 속을 헤매는 느낌이었기 때문이다. 그러나 융은 열심히 공부하고, 실험하며, 노력을 게을리하지 않았다.

그러던 어느 날, 융은 늦은 시간에 병동을 지나다 여전히 알수 없는 동작을 반복하고 있는 노부인을 보았다.

'왜 저러는 걸까?'

호기심을 이기지 못한 융은 결국 수간호사를 호출했다. 융이 수간호사에게 물었다.

"저 노부인 말이에요. 계속 저 동작을 반복하고 있나요?"

"네, 맞아요."

수간호사는 한 마디 덧붙였다.

"전임자에게 들었는데 예전엔 항상 신발을 만들었다고 하더라고요."

이는 정말 중요한 정보가 아니던가! 그리하여 융은 이 노부인의 병력을 다시 살펴보기 시작했다. 이미 누렇게 변해버린 그녀의 차트에는 그녀가 습관적으로 신발을 만드는 듯한 동작을 한다는 정보가 정확히 기록되어 있었다.

노부인의 동작은 신발을 양 무릎 사이에 끼어 고정한 다음 가죽에 실을 꿰어 잡아당기는 제화공의 동작과 확실히 닮아 있었다. 그러고 보니 기묘하게만 느껴졌던 노부인의 동작이 이해되었다. 융은 제화공이 아니었던 노부인이 신발 만드는 동작을 무한 반복하는 데는 분명 속사정이 있을 거라고 생각했다.

얼마 후 이 노부인은 세상을 떠났다. 그녀의 심장 박동과 함께 쉼 없이 움직이던 손도 동작을 멈추었다. 융은 그녀의 장례식에 참석한 그녀의 오빠를 만나 물었다.

"여동생께서는 어쩌다 정신을 놓게 된 건가요?"

과연 융의 분석대로 생전에 그녀가 반복적인 손동작을 하게 된 데에는 나름의 사연이 있었다. 그녀의 오빠는 그녀가 한 제화공과 사랑하는 사이였다고 했다. 그러나 제화공은 이런저런 이유로 그녀를 아내로 맞이하지 않았고, 결국 그와의 관계가 끝이 나면서 그녀에게 '일이 생겼다'는 것이다.

그녀가 평생 같은 동작으로 옛 연인과 자신을 동일시했다는 사실을 알게 된다면 그녀의 옛 연인은 무슨 생각을 할까?

세상에는 수천수만 갈래의 길이 있고, 줄이 끊어진 연은 되돌릴 수 없다. 그런데 군이 지난 연애사로 자기 자신을 괴롭힐 필요가 있을까? 그런 의미에서 그녀는 정말 어리석은 사람이

▼

었다.

발병 초기 융 같은 의사를 만났다면 그녀의 인생은 달라졌을지도 모른다. 물론 이 역시 가정일 뿐이지만 말이다. 그래도 자신의 사례를 통해 융이 정신분열증에 심리적 요소가 작용한다는 사실을 알아냈으니, 이 또한 그녀의 공헌이라면 공헌일 것이다!

허투루 들어서는 안 될
정신분열증 환자의 목소리

Jung

"그 목소리를 믿어야 해요."

그녀에게 이 말을 하고 나는 나 자신의 용기에 깜짝 놀랐다. 그러나 다행히 일반적으로 그 목소리는 매우 이성적이었고, 그 목소리를 통해 해당 환자를 좀 더 잘 헤아릴 수 있었다.

"우리는 그 목소리를 믿어야 해요."

융이 정신분열증을 앓고 있는 한 노부인에게 한 말이다. 융은 이 말을 하고 자신의 용기에 자기 자신조차 깜짝 놀랐다.

정신분열증을 앓고 있는 그 노부인을 처음 만났을 때, 융은 그녀에게 '정상적인' 인격이 남아 있음을 알 수 있었다. 이에 융은 장기적인 실험을 통해 해당 노부인뿐만 아니라 그녀와 같이 정신분열증을 앓고 있는 환자들의 마음 깊은 곳에 그들 본연의 인격이 자리하고 있음을 파악하고, 그들을 정상적인 인격으로 대해야 한다는 결론을 내렸다. 다시 말해서 그동안 그저 '정신이상자'로만 여겨지며 무시당하던 그들의 인격을 존중해줄 필요가 있다는 것이었다.

환자들 마음 한구석에 숨어 있는 본연의 인격은 이따금 기회를 틈타 제 목소리를 냈으며, 각종 꿈을 통해 나타나기도 했다. 심지어 몸이 아플 때는 다시 전면으로 나서서 환자를 거의 정상인처럼 보이게 하기도 했다.

이렇게 '정상' 인격을 지닌 환자는 치료한다기보다 관심을 두고 지켜볼 수밖에 없었다. 사실 이런 환자에게 의사가 해줄 수 있는 일은 죽음으로 향하는 길을 조금 평탄하게 만들어주는 것이 전부였다.

융이 정신분열증을 앓고 있는 노부인에게 저도 모르게 "그 목소리를 믿어야 해요"라고 말한 깃도 이찌면 이러한 사실을 잘 알고 있었기 때문인지도 모른다.

어쨌든 안 그래도 자신의 몸 구석구석에서 들려오는 목소리에 어쩔 줄 몰라 하던 부인은 의사의 이 한마디에 자신의 가슴 한가운데에서 들려오는 목소리가 '하나님의 음성'임을 더욱 확고히 믿게 되었다.

융은 환자도 보통 이성적인 목소리를 낼 줄 알며, 이 목소리를 통해 환자를 더 잘 치료할 수 있다는 사실을 알고 있었다. 융은 환자의 '목소리'를 토대로 치료를 하기 시작했다. 이게 무슨 뜻이냐고?

노부인을 예로 들자면 이랬다. 노부인이 정상적으로 보일 때나 아닐 때나 그녀가 하는 말을 귀담았다가 융의 입을 통해 노부인에게 말해주는 것이었다. 융이 분석을 통해 얻은, 노부인에게는 들리지만 다른 사람에게는 들리지 않는 '환청'도 포함되었다. 쉽게 말해서 노부인이 은연중에 "그가 성경에 대한 너의 믿음을 시험케 하라!"라는 말을 여러 번 반복했다면 이 말을 융이 다시 노부인에게 해주는 식이었다. 그러면 노부인은 그냥 보기에도 수백 번은 펼쳐본 듯한 낡고 오래된 성경을 융에게 내밀었고, 융은 노부인이 읽어야 할 부분을 정해주었다.

다음번에도, 또 그 다음번에도 융은 같은 말을 했고 그러면 어김없이 지난번과 같은 상황이 반복되었다. 이렇게 융은 2주에 한 번씩, 약 7년 동안 노부인과 나름의 '역할극'을 했다.

물론 처음엔 융도 이런 역할극이 영 어색했다. 그러나 얼마 지나지 않아 이 '역할극'이 노부인에게 얼마나 큰 의미인지 알 수 있었다. 이 방법을 통해 그녀의 주의력이 집중되면서 정신분열증세가 완화된 것이다.

약 6~7년의 노력 끝에 노부인의 주변을 맴돌던 온갖 목소리는 절반으로 줄어들었다. 비록 완치는 아니었지만 호전된 상태를 유지하며 절반의 성공을 거둔 셈이다.

사실 융 본인도 '역할극'을 통한 기억훈련이 그 정도로 효과가 있으리라고는 예상치 못했다. 그러나 6~7년이나 꾸준히 치료를 시도했던 융의 집념은 결국 빛을 발했다.

멀쩡한 의사가
잠재적 정신병자?

Jung

나는 결정적인 순간에 그를 구했다. 그랬다. 그는 언제 정신병이 발병해도 이

상하지 않은 잠재적 환자였다. 그러나 증세가 나타나는 것만은 막아야 했다.

술꾼은 자신이 술을 많이 마셔도 취하지 않았다고 말한다. 마찬가지로 의사가 정신병에 걸렸다면 그는 자신을 정상이라고 말할 것이다. 융이 실제로 만났던 사람처럼 말이다.

그는 자신이 '정상'이라고 생각하는 의사였다. 오랜 동료 겸 친구의 소개로 융을 만나러 온 그는 추천인의 칭찬으로 가득한 추천서를 가져왔다. 한때는 융의 오랜 동료의 밑에서 일했고, 지금은 그 오랜 동료의 후임으로 클리닉을 맡고 있다고 했다.

겉으로 보기에 그는 지극히 '정상'이었다. 꽤 많은 환자를

▼

돌보며 정상적인 성과를 얻었고, 정상적인 가정에서 정상적인 아내와 정상적인 아이들을 키웠으며, 정상적인 마을에 정상적인 집도 갖고 있었다. 수입도 정상이었고, 아마도 식습관도 정상이었을 것이다. 그는 그야말로 '스탠다드맨'이었다. 그렇다면 정신적으로는 어땠을까? 정신 또한 정상이었을까?

이 '스탠다드맨'이 융을 찾아온 이유는 심리분석학자가 되기 위해서였다. 융은 정중하게 말했다.

"심리분석학자가 된다는 것이 어떤 의미인지 압니까? 분석학자라면 먼저 자기 자신을 알아야 한답니다. 당신이 곧 도구가 되어야 한다는 뜻이지요. 생각해보십시오. 도구가 올바르지 않다면 어떻게 환자를 고칠 수 있겠습니까? 자기 자신조차 이해하지 못하면서 환자를 이해한다는 건 어불성설이지요. 그 때문에 당신이 진짜 재료가 되어야 합니다. 그러지 못한다면 환자를 옳은 길로 인도할 수 없을 테니까요. 그래서 당신의 심리를 먼저 분석해볼까 하는데 괜찮겠습니까?"

'스탠다드맨'은 융의 말에 완전히 압도된 듯 좋다고 대답하더니 이내 한마디 덧붙였다.

"선생님에게 말씀드릴 만한 문제는 전혀 없습니다만!"

그러나 융에게 '스탠다드맨'의 이 말은 이미 경고 신호나 다름없었다. 융은 담담히 말했다.

"좋군요. 그럼 당신의 꿈 이야기를 해볼까요?"

"저는 꿈을 안 꾸는데요."

융은 그가 이렇게 대답하리라는 것을 예상했기에 그의 말이 채 끝나기도 전에 말했다.

"곧 꾸게 될 겁니다."

그러나 다른 정상적인 사람이라면 그날 밤 모두 꾸었을 꿈을 그 '스탠다드맨'은 꾸지 않았다. 과연 그는 정말 '정상'이었을까?

그 의사가 꿈을 꾼 건 약 2주 후였다. 그의 꿈은 아주 길고 광범위했다. 물론 꿈에 대한 설명도 꽤 정확했다.

그는 기차를 타고 여행을 가는 꿈을 꾸었다. 두 시간 후 기차가 어느 역에 멈춰 섰고, 그는 그곳을 구경하기로 했다. 시가지에 도착해 중세의 건물을 발견한 그는 그 건물 안으로 들어갔다. 건물 안의 아름다운 방에는 오래된 그림과 화려한 태피스트리가 걸려 있었다. 한마디로 곳곳에 골동품이 널려 있었다.

순식간에 날이 저물고, 그는 서둘러 열차를 타야겠다고 생각했다. 바로 그때 그는 자신이 길을 잃었으며 그 거대한 건물에 자기 혼자라는 사실을 불현듯 깨달았다.

출구라고 생각되는 문을 발견했지만, 그 문은 컴컴하고 커다란 방으로 이어져 있었다. 다른 출구를 찾아야 한다는 생각으로 머릿속이 가득 찬 그에게 방 중앙에 놓여 있는 흰 물체가 눈에 들어왔다. 가까이 다가가 보니 두 살 정도 되어 보이는, 지능이 모자란 어린아이가 있었다. 이 아이는 대소변이 잔뜩 묻은 요강 위에 앉아 있었다. 그 순간 의사는 소리를 지르며 잠에서 깨어났고, 이내 묘한 공포감에 휩싸였다.

가만히 그의 꿈 이야기를 듣고 있던 융은 그가 잠재적인 정신병 환자임을 단박에 알아차렸다.

그는 꿈속에서 도시에서 자라며 엄격한 교육을 받은 아이들이 쉽게 저지를 수 있는 잘못을 했다. 그의 '정상적인 모습'은 사실 지난 시절에 대한 일종의 보상인 셈이었다.

그랬다. 이 '정상적인' 의사는 잠재적 정신병자였다. 언제 발병을 해도 이상하지 않은 상황에 다행히 융을 만난 것이다. 융은 또 다른 꿈을 이용해 그와 자신이 모두 받아들일 방법으로 훈련을 핑계 삼은 심리분석을 원만하게 끝냈다.

물론 이 의사는 심리분석학자가 되겠다는 생각을 접었고, 이후로 다시는 무의식을 자극할 엄두를 내지 못했다. 정말 특별한 채용시험이 아닌가?

▼

Chapter 5

달아난 황태자;
엇갈린 운명

융,
마음이
단단한 사람

융과 프로이트의 관계는 심리학계에서 늘 회자되는 이야깃거리다.

실제로 프로이트의 《꿈의 해석》이 융에게 많은 영감을 준 것은 부정할 수 없는 사실이다. 그러나 프로이트를 만나기 전부터 융은 나름의 명성을 날리고 있었고, 당시 프로이트는 학계에서 환영 받지 못하는 인물이었다. 그럼에도 융은 뮌헨에서 열린 한 학술대회에서 경고를 받을 위험까지 무릅써가며 프로이트를 변호했다.

1907년에 가진 첫 만남에서 두 사람은 오래 알고 지낸 친구처럼 장장 13시간 동안 대화를 나눴다. 국제정신분석학회가 설립되었을 때는 프로이트의 고집으로 융이 초대 의장에 당선되기도 했다. 훗날 융과 프로이트가 주고받은 서신 속에서 프로이트가 융을 자신의 양자, 황태자, 후계자라 부른 것을 알 수 있다.

프로이트는 억압된 성욕이 정신병을 초래한다는 주장을 굽히지 않았는데, 이에 대한 의견 차이가 두 사람의 우정을 금가게 했다.

융은 초심리학(Parapsychology)과 심령현상에 관한 연구로 프로이트의 권위에 도전하기도 했다. 결국 운명을 결정지은 것은 성격이었다. 융은 '제물'이라는 글로 '황태자'로서 보낸 시간에 마침표를 찍었다.

변호로 경고장을 받다

Jung

한편의 글로 두 명의 독일 교수로부터 경고장을 받았다. 그들은 내가 계속 프로이트의 편에 서서 그를 변호한다면 앞으로 학술 활동을 하기 어려워질 것이라고 했다.

20세기 초에 접어들면서 서른 살이 된 융은 심리학자로서 자신만의 길을 개척해나가기 시작했다. 그 시작으로 융이 선택한 방법은 외부적, 임상적 측면에서 정신병 환자를 관찰해 그들에게 나타나는 특이점을 찾아내는 것이었다. 솔직히 말하면 당시의 융은 자신의 이러한 연구 방법이 무슨 소용이 있는지 잘 몰랐지만 기록과 분류를 게을리하지 않았다.

시간이 지남에 따라 융의 관심사는 과대망상증이나 우울증, 심인성 정신장애와 같이 자신이 직접적으로 접한 환자들의 병례(病例)에 집중되었다.

정신과 의사로 경력을 쌓기 시작하면서 융은 수많은 책을 탐독했다. 특히 1903년에 다시 읽게 된 프로이트의《꿈의 해석》은 융에게 큰 영향을 주었다. 사실 융은 1900년에 이미 이 책을 접한 바 있었지만, 당시에는 프로이트의 이론에 크게 공감하지 못했다. 그러나 다시 읽었을 때는 달랐다. 프로이트와 자기 생각이 결은 달라도 궁극적으로 지향하는 바가 같음을 발견했기 때문이다.

프로이트의 책에서 융이 가장 흥미를 느꼈던 부분은 억압기제라는 개념을 꿈과 연관 지은 부분으로, 이는 융에게 매우 중요한 개념이기도 했다. 환자들에게 연상 테스트를 진행하면서 항상 환자들의 억압기제에 부딪혔기 때문이다.

환자들은 어떤 자극적인 단어를 들었을 때 그에 연상되는 답을 내놓지 못하는가 하면 반응 시간이 매우 느려지곤 했다. 하지만 대부분의 사람은 이를 의식하지 못했고, 그 원인에 대해 물어도 답을 지어내는 경우가 부지기수였다. 그런데 알고 보니 자극적인 단어가 환자들의 마음의 상처나 내적 갈등을 건드려 이러한 문제가 발생하는 것이었다.

프로이트의《꿈의 해석》은 융이 고심해왔던 문제의 해답을 제시해주었다. 그랬다. 이 모든 게 억압기제로 말미암은 것이었다. 다만 억압기제가 발동하는 원인에 대해 융은 프로이트와 다른 의견을 가지고 있었다.

▼

융이 프로이트의 저서를 조금씩 섭렵해갈 즈음 융은 진급을 위해 논문을 쓰기 시작했다. 그러나 이에 반해 프로이트는 독일 학계에서 환영받지 못하는 인물이었다. 소위 '유력인사'들은 직접적으로 프로이트의 이름을 언급하길 꺼렸고, 각종 학술대회에서도 그의 이론에 대해서는 말을 삼갔다. 융은 이러한 사실이 탐탁지 않았다. 자신의 연상 테스트와 프로이트의 이론이 일맥상통하는 상황에 자신의 입장이 썩 난처했기 때문이다.

융은 이 문제로 골머리를 앓았다. 얼마나 많이 생각했던지 급기야 융의 머릿속에서 두 목소리가 싸움을 벌이기도 했다. 악마의 목소리가 융의 귓가에 속삭였다.

'얼른 실험 결과와 네가 도출한 결론을 발표해. 프로이트의 이름은 언급도 하지 말고. 프로이트의 책을 읽기 전에 이미 도출한 결론이었잖아!'

하지만 이때 융의 제2의 인격이 나타났다. 융의 제2의 인격은 말했다.

'프로이트를 모른 척하는 건 꼼수에 불과해. 거짓 인생을 살 수는 없잖아?'

줄곧 제2의 인격을 믿어왔던 융은 이 목소리를 듣고 더 이상 고민하지 않기로 했다. 이후 그는 프로이트의 공개적인 지지자가 되어 그를 위해 싸웠다.

뮌헨에서 열린 학술대회에서 융은 처음으로 프로이트를

변호하는 발언을 했다. 학술대회 참석자 한 명이 강박성장애에 대해 이야기하면서 고의로 프로이트의 이름을 언급하지 않았기 때문이다. 그 밖에도 융은 1906년 〈뮌헨 의학 주간지〉에 프로이트의 저서 《정신병이론》에 대한 평론을 기고하기도 했다. 융의 이 글은 강박성 장애의 원인을 파악하는 데 큰 역할을 했다.

그러나 이 글로 말미암아 융은 독일의 두 교수로부터 계속 프로이트의 편에서 그를 변호한다면 앞으로 학술 활동을 하기 어려워질 것이라는 경고장을 받아야 했다. 이에 융은 다음과 같이 답장을 보냈다.

'프로이트의 말이 진리라면 저는 그의 편에 설 것입니다. 진리 탐구를 제한하고, 진리를 외면하는 것이 학술 활동을 이어갈 전제가 된다면 저는 미련 없이 학술 활동을 포기하겠습니다.'

1906년 융은 자신의 〈연상진단법에 대한 연구〉를 프로이트에게 보냈고, 이를 계기로 두 사람은 서신 교류를 시작하게 되었다.

▼

첫 만남에 13시간을 보내다

Jung

우리는 드디어 빈에서 첫 만남을 가졌다. 오후 1시에 만난 우리는 13시간 동안 쉼 없이 대화를 나누었다.

1907년에 융은 프로이트에게 《조발성 지매의 심리학》이라는 책을 보냈다. 사실 이 책에서 밝힌 그의 관점은 그리 많은 호응을 얻지 못했고, 심지어 동료들은 그를 비아냥거리기까지 했다. 그러나 이 책은 융이 프로이트와 친분을 쌓을 계기가 되어주었다.

어떻게 보면 당시의 융과 프로이트는 동병상련의 처지에 있었다고 할 수 있는데, 그래서인지 두 사람은 특정 관점에 대한 공감대를 형성하고 서로를 지지했다.

두 사람의 첫 만남이 성사된 건 1907년의 어느 날이었다.

▼

융이 오스트리아 빈 9번가에 있는 프로이트의 집으로 초대를 받은 것이다.

두 사람은 첫 만남부터 죽이 맞는 듯했다. 오후 1시 해가 중천에 떠 있을 때 프로이트의 집에 도착한 융은 이야기가 시작되자 시간 가는 줄 모르고 대화에 집중했고 별이 하늘을 수놓은 한밤중이 되어서야 프로이트의 집을 나섰다. 장장 13시간 동안 이야기를 나눈 것이다! 그렇다면 두 사람은 무슨 이야기를 했을까?

융에게 프로이트는 자신이 만난 사람 중 가장 중요한 인물이었다. 당시의 경험이 융에게 얼마나 중요했는지를 따지자면 비교 대상이 없을 정도였다. 융의 눈에 비친 프로이트는 굉장히 똑똑하고, 기민하며, 독보적인 인물로 행동 하나하나에 깊이가 있었다. 그러나 그의 첫인상을 한마디로 표현하기에는 조금 모호한 구석이 있기도 했다.

융은 프로이트가 풀어놓은 성에 대한 이야기에 매료되었다. 융도 이미 서른이 넘은 나이인지라 그에 대해 어느 정도 감성적 인식을 가지고 있었지만, 프로이트의 이야기는 그야말로 융이 처음 접하는 것들뿐이었다.

솔직히 맨 처음엔 프로이트의 관점에 의혹과 의구심을 가졌던 것도 사실이다. 그래서 융은 자신의 생각을 밝히기도 했다. 하지만 그때마다 프로이트는 그가 아직 젊어서 경험이 부족하다고 말했고, 이에 융은 겸손하게 자신을 낮췄다. 프로이트의 지적이 타당하다고 생각했기 때문이다. 당시의 융은 확실히 젊은 나이였고 경험이 부족했다.

그런 까닭에 장장 13시간이라는 긴 대화 시간 동안 융은 말을 아끼며 주로 듣는 입장이었다. 평소 말수가 적고 생각이 많은 성격이기도 했던 융은 기꺼이 청자가 되기를 자처했다.

융은 프로이트와의 대화를 통해 성에 대한 이론이 프로이트에게 개인적으로든 철학적으로든 매우 중요한 의미임을 알 수 있었다. 그러나 프로이트가 왜 그토록 성에 대한 문제를 편애하는지, 그 이론에 그의 주관적인 편견이 어느 정도 작용했는지, 그가 자신의 이론을 입증할 만한 경험을 얼마나 한 것인지에 대해서는 여전히 의문이었다. 특히 영혼을 바라보는 그의 태도는 융의 의혹을 불러일으켰다.

당시 이미 꽤 이름을 날리는 심리분석의 대가였던 융은 프로이트에 대한 공경의 뜻으로 그에게 이러한 의문들을 제기하지는 않았다. 그러나 프로이트의 언사에서 그가 어떤 사람인지 단번에 파악해냈다. 한마디로 프로이트는 독선적이고 고집스러운 사람이었다. 융은 생각했다.

'어쩌면 오랫동안 사람들에게 외면당해왔기 때문이겠지?'

사실 두 사람이 첫 만남에서 확인한 인식의 차이는 향후 그들의 우정에 금이 가게 된 나름의 복선이었는지도 모른다. 그러나 어쨌든 융과 프로이트는 첫 만남 이후로 본격적인 교류를 시작했다. 두 사람은 나이 차이가 꽤 남에도 학술적으로는 동등한 입장이었다. 하지만 젊고 겸손한 융은 '망년지교(忘年之交, 나이에 거리끼지 않고 허물없이 사귄 벗)'라는 말로 두 사람의 우정을 표현했다.

1909년에 두 사람은 미국인의 초청을 받아 함께 '명예법학 박사' 칭호를 받았다. 기념사진을 촬영할 때 두 사람은 맨 앞줄에 나란히 앉았고, 그 뒤에는 프로이트의 학생들이 자리를 잡았다.

그 후 두 사람은 편지를 주고받았다. 프로이트는 융에게 보낸 편지에서 융을 자신의 양자요, 황태자, 그리고 후계자라 불렀다. 보통 사람이 프로이트에게 이런 취급을 받았다면 감격에 눈물을 흘릴 일이었지만 융이 어디 그런 사람이던가?

순수 성욕,
두 사람의 우정에 복선이 되다

Jung

"친애하는 융, 성욕에 관한 이론을 절대 버리지 않겠다고 내게 약속해주게. 이는 모든 것 중에서 가장 근본적인 거라네."

프로이트가 내게 한 이 한마디에 우리의 우정은 금이 가기 시작했다.

융과 프로이트의 우정에는 처음부터 복선이 깔려 있었다.

프로이트와의 첫 만남에서 융은 그가 어떤 인물 혹은 어떤 예술 작품이든 영성(靈性)이 드러난 것에 대해 회의적인 태도를 보이며, 이 모든 것을 억압된 성욕의 표현이라 에둘러 이야기한다는 사실을 알아챘다. 프로이트는 영성을 초자연적인 의미로 받아들이지 않았고, 성욕으로 설명할 수 없는 것들을 '정신성 성욕'이라고 불렀다.

이러한 견해에 동의하지 않았던 융은 프로이트에게 이렇게

▼

반박했다.

"그런 가설에 그런 논리대로라면 문화는 그저 억압된 성욕에 의한 병적인 결과요, 촌극이 되어버리는데 이건 너무 편협한 판단이 아닐까요?"

프로이트는 말했다.

"그렇지! 하지만 상황이 그러하다네. 그야말로 액운이 따로 없지만 우리에겐 이에 맞설 힘이 없다네."

융은 프로이트의 말에 전혀 동의할 수 없었지만 그를 완벽하게 이해시킬 만한 근거가 없어 그냥 넘어갈 수밖에 없었다.

프로이트는 이미 성에 관한 이론에 푹 빠져 있었다. 성에 관하여 이야기할 때면 어김없이 말이 빨라지고 왠지 초조한 기색마저 보였으며, 감동한 듯 묘한 표정을 드러냈다. 이러한 그를 보며 융은 프로이트에게 성욕이란 이미 '신비한 무엇'이 되었음을 직감했다.

1910년 빈에서 프로이트와 만나 또다시 대화를 나눈 융은 자신의 직감이 맞았음을 확인할 수 있었다.

"친애하는 융, 성욕에 관한 이론을 절대 버리지 않겠다고 내게 약속해주게. 이는 모든 것 중에서 가장 근본적인 거라네. 자네도 알지 않는가? 우리는 이를 하나의 교조(敎條)로 만들어 흔들리지 않는 보루로 삼아야 한다는 것을 말일세."

흥분하며 융에게 이 말을 하던 프로이트의 말투는 마치 아이에게 "사랑하는 아들아, 매주 일요일엔 꼭 교회에 가겠다고

▼

약속해주렴"이라고 말하는 아버지 같았다. 이에 융은 깜짝 놀라 물었다.

"보루라니, 무엇을 지키기 위한 것입니까?"

프로이트가 대답했다.

"썩은 늪의 검은 물결을 막아야지. 신비주의에 관한⋯⋯."

맙소사! 융은 프로이트가 '보루'와 '교조'라는 단어를 사용했음에 충격을 받았고, 뒤이어 혼란스러움과 거북함이 몰려왔다. 융은 자신이 프로이트의 주장을 절대 받아들일 수 없다는 것을 알았다. 두 사람이 쌓아 올린 우정에 바늘 또는 칼날이 꽂히는 순간이었다.

프로이트의 말을 통해 융이 확실하게 깨달은 한 가지는 줄곧 비종교성을 강조해오던 그가 지금은 교조를 만들었다는 사실이었다. 즉, 프로이트는 심술궂은 신을 잃고, 본래 신이 있어야 할 자리를 '성'으로 대체했다. 이 새로운 형상은 기존의 형상과 다를 바 없이 고집스럽고, 가혹하며, 오만하고, 험악했으며 도덕적으로 앞뒤가 맞지 않았다. 융에게 '성적 본능'이 '숨은 신'의 역할을 대신한다는 건 그저 이름만 바뀌었을 뿐 별다른 차이가 없는 것이었다.

순간 타오르는 불꽃처럼 융의 머릿속에 많은 생각이 스치고 지나갔고, 이후 프로이트의 성격에 대해 생각할 때마다 이 불꽃이 기세는 한층 강해졌다. 융은 프로이트가 지닌 성격적 특징과 아픔을 이해했지만 이를 그에게 설명할 길이 없었다.

▼

융이 프로이트에게 받은 가장 강렬한 인상은 본질적으로 프로이트가 자신의 본심을 거스르는 일을 하고 있으며, 자신과 비교할 이가 없다는 사실보다 더 고통스러운 일은 없다고 느끼고 있다는 것이었다. 프로이트 본인의 말을 빌리자면 그는 자신이 '비방의 검은 물결'의 위협을 받는 느낌이라며 이러한 검은 물결에 순응하려 노력해봐도 그럴 수 없다고 했다.

그러나 융이 생각하기에 융은 한 번도 자신이 왜 끊임없이 '성'에 대해 이야기하고, 왜 그러한 생각에 그토록 사로잡혀 있는지 되돌아본 적이 없는 사람이었다. 프로이트가 자신의 이러한 점을 인정하길 거부한다면 그는 결코 자기 자신과 타협할 수 없을 터였다. 그는 무의식의 모순과 모호함에 대해 맹목적이었고, 무의식에서 생겨나는 모든 것은 어느 정도 국한되어 있음을 알지 못했다.

프로이트의 이러한 단편성에 대해 융은 다른 의견을 가지고 있었지만 달리 어찌해볼 도리가 없었다. 그저 언젠가 프로이트 자신의 어떤 내적 경험이 그의 눈을 뜨게 해주길 바랄 뿐이었다.

그러나 융은 정말 그런 날이 온다 해도 프로이트의 지능이면 이러한 경험마저도 '순수 성욕' 또는 '정신성 성욕'으로 귀결시키고 말 것임을 확신했다. 그렇기에 융은 프로이트를 비극적인 인물로 보았다. 물론 프로이트가 위대한 사람이라는 점은 부정할 수 없었지만 '순수 성욕'이라는 악마에게 홀린

사람이기도 했다. 그리고 이는 위대한 두 심리학자의 우정에
파고들어 실금을 만들었다.

해몽,
'아버지'의 권위에 도전하다

Jung

1909년 브레멘에서 시작된 미국 여행은 7주 동안 계속되었다. 그동안 우리

두 사람은 매일 한자리에 모여 상대의 꿈을 분석했다.

빈에서의 두 번째 만남 후 융은 알프레드 아들러의 권력 가
설에 대해 알게 되었다. 아들러는 대다수의 아들이 그러하듯
'아버지'의 말이 아닌 행동을 모방하고 있었다. 그런 까닭에
사랑과 권력은 납덩이처럼 융의 마음을 무겁게 짓눌렀다. 이
처럼 무거운 압력은 당연히 프로이트에게서 비롯된 것이었다.

프로이트와 이야기를 나누던 어느 날 저녁 융은 정식으로
프로이트의 장자이자 후계자, 황태자가 되었다. 이는 프로이
트조차 훗날 융에게 보낸 편지에 다시 언급했을 정도로 보통
일은 아니었다. 그랬다. 프로이트의 장자, 후계자, 황태자라는

▼

칭호는 모두 프로이트가 융에게 떠안긴 것으로, 융은 이러한 역할을 좋아하지 않았다.

누가 누구의 아들이고, 또 누구의 후계자란 말인가! 사람은 저마다 자신의 생각과 관점이 있는 법이며, 하나님이라고 해도 자신의 의지를 타인에게 강제할 수는 없는데 말이다.

미국에서 7주 동안 저녁 시간을 함께 보내며 해몽 전문가 융과 프로이트의 우정은 최고조에 달했다. 당시 융은 매우 중요한 꿈을 많이 꾸었는데 프로이트는 이에 대한 해석을 내놓지 못했다. 그러나 융은 이를 전혀 창피할 것 없는 정상적인 일로 받아들였다. 물론 이로 말미암아 프로이트를 무시하는 일도 없었다. 이 세상에 완벽한 사람은 없으며, 원숭이도 나무에서 떨어지는 때가 있는 법인데, 설령 최고의 분석가라 하더라도 모든 꿈의 수수께끼를 풀 수는 없다고 생각했기 때문이다.

융은 프로이트와의 우정을 보물처럼 소중하게 여기며 세심하게 이를 지키고자 했다. 융은 프로이트를 자신보다 더 성숙하고 더 노련한 선배로 간주했다. 그러나 사실은 이와 달랐다. 융이 후배를 자처했음에도 이후에 발생한 하나의 사건으로 두 사람의 관계는 심각한 타격을 받았다.

사건의 발단은 프로이트가 꾼 꿈이었다. 그날도 어김없이 서로의 꿈에 대해 해석하는 시간을 가졌고, 융은 최선을 다해 프로이트의 꿈을 해석했다. 직업병의 일종인지는 몰라도 항상 최선을 다해 환자의 상태를 분석하고 진단을 내놓는 그였는데, 하물며 자신이 존중하는 사람을 대하며 어떻게 적당히 넘어갈 수 있었겠는가?

바둑으로 치면 이는 배울 점이 많은 고수 간의 대국이나 다름없었다. 융은 단번에 꿈의 실체를 파악했고, 융의 해석을 들은 프로이트는 마음을 들켰다는 분노에 몸서리를 쳤다. 그러나 꿈을 탐색하는 데 푹 빠져 있던 융은 프로이트의 표정 변화를 미처 알아차리지 못했다. 그는 오히려 물색없이 한마디를 덧붙였다.

"사생활에 대해 좀 더 자세한 정보를 제공해주신다면 더 다양한 해석을 내놓을 수 있을 겁니다."

융의 이 말에 프로이트는 묘한 눈빛을 보였다. 그것은 분명 의심의 눈초리였다. 이내 프로이트가 융에게 말했다.

"나는 나의 권위를 내세워 모험하고 싶지 않네!"

언젠가 보였던 그 눈빛과 그 말투로 그는 또다시 '권위'를 이야기하고 있었다. 프로이트의 이 한마디는 마치 낙인처럼 융의 기억 속에 남았다. 이는 프로이트가 진리보다 권위를 우선한다는 증거요, 두 사람의 관계가 거기까지라는 뜻이기도 했기 때문이다.

그때 융은 자신이 아무리 노력해도 프로이트와의 관계는 곧 끝이 날 것임을 예감했다.

두 번의 기절, 성격이 결정한 운명

Jung

내가 그를 부축했을 때 그는 반쯤 정신을 차렸다. 그때 그가 나를 바라보던 시선을 나는 영원히 잊을 수 없을 것이다. 그는 힘이 빠져 축 처진 모습으로 나를 마치 자신의 아버지 보듯 바라보았다.

1909년 융은 미국 매사추세츠 위체스터 시에 있는 클라크 대학교에서 연상 테스트에 관한 강의를 해달라는 초청을 받았다. 프로이트 역시 초대를 받았기에 두 사람은 동행하기로 하고 브레멘에서 만났다. 그런데 프로이트가 자신의 앞에서 기절할 줄이야!

프로이트가 기절하게 된 간접적인 이유는 '이탄(泥炭) 습지의 시체들'에 대한 융의 관심 때문이었다. 사실 브레멘에 오기 전 융은 신문에서 관련 소식을 접했다. 역사를 연구하길 좋아하는 융이 이런 기회를 놓칠 리 없었다. 융은 안 그래도 '이탄 습지의 시체들'과 브레멘의 납관 안에 들어 있는 미라를 혼동하던 참이었는데 브레멘에 온 김에 확실히 상황을 알아봐야겠다고 생각했다. 그러나 프로이트의 생각은 달랐다. 프로이트는 여러 차례 융에게 물었다.

"자네는 왜 시체들에 그렇게 관심이 많은 겐가?"

융은 사람의 심리를 분석하는 직업을 가졌음에도 프로이트가 왜 그렇게 화를 내는 건지 이해할 수 없었다. 그런데 함께 저녁 식사를 하는 도중 프로이트가 갑자기 실신한 것이다. 얼마 후 정신을 차린 프로이트는 융에게 말했다.

"시체에 대해 자네가 한 모든 말에 내가 일찍 죽기를 바라는 마음이 들어 있는 것 아닌가?"

맙소사! 융은 프로이트의 반응에 깜짝 놀랐다. 이러한 상상을 했으니 기절을 한 수밖에…….

이러한 일은 이 한 번만이 아니었다. 1912년 뮌헨에서 심리분석학회가 열리는 동안에도 사건이 발생했다.

사건의 발단은 한 발언자가 아멘호테프 4세(고대 이집트 제18왕조의 왕)의 이야기를 꺼내면서부터였다. 발언자는 아멘호테프 4세가 아버지에 대해 부정적인 태도를 가졌기에 기념석주에 있는 카르투시(고대 이집트 왕이나 신의 이름을 나타내는 상형문자 및 이를 둘러싸고 있는 윤곽)를 파괴한 것이며, 그가 일신교를 세운 배후에는 부성 콤플렉스가 깔려 있다고 말했다.

▼

이러한 주장에 격분한 융은 자리를 박차고 일어나 반대 의견을 제시했다. 융은 독실한 신앙과 창조성을 가진 인물이 아버지에게 반하는 행동으로 자신을 드높일 리 없다고 생각했다. 그리하여 융은 말했다.

"오히려 그 반대죠. 아멘호테프 사 세는 줄곧 아버지를 존경하며 그를 기렸습니다. 그가 몰두했던 파괴는 아몬이라는 신의 이름만을 향한 것이었습니다. 어디든 그 이름이 존재한다면 이를 파괴한 것이지요. 기념석주에 있는 카르투시에서 아버지의 이름인 아멘호테프(Amenhotep) 중 아몬을 뜻하는 아멘 두 글자만을 파낸 것도 바로 이러한 이유 때문이라고 할 수 있습니다. 이 밖에도……."

융은 잠시 멈췄다가 이내 말을 이었다.

"다른 파라오들 역시 기념비나 조각상에 새겨진 신의 이름이나 조상의 이름을 자신들의 이름으로 대체했습니다. 그들은 자신을 신의 화신이라 여겨 그럴 권리가 있다고 생각했으니까요."

이렇게 융이 한창 청산유수로 말을 하고 있을 때 프로이트가 실신했다. 정신을 잃은 프로이트는 의자에서 미끄러져 내렸고 자리에 있던 사람들은 어쩔 줄 몰라 하며 그의 주위를 둘러쌌다. 융은 서둘러 그를 부축해 옆방에 있는 소파에 뉘었다.

융이 프로이트를 부축했을 때 융은 그의 의식이 반쯤 돌아왔음을 느꼈다. 그리고 그가 자신을 바라보던 눈빛을 영원히 잊지 못할 것 같다는 생각이 들었다. 힘이 빠져 축 처진 모습으로 융을 마치 제 아버지 보듯 했기 때문이다.

융은 프로이트의 두 번의 실신이 부친 살해라는 그의 환상이 만들어낸 결과임을 알고 있었다. 그동안 프로이트가 융을 자신의 후계자로 여기고 있다는 것을 줄곧 암시해왔기에 융의 마음은 편치 않았다.

융은 자신이 프로이트가 바라는 그런 사람이 될 수 없다는 것을 너무나 잘 알고 있었다. 그는 어느 당파의 지도자가 되고 싶지도 않았고, 될 생각도 없었을 뿐만 아니라 그런 무거운 짐을 짊어질 생각은 더더욱 없었다.

성격이 운명을 결정짓는다고 융은 프로이트와는 전혀 다른 사람이었다. 융은 천성적으로 그런 일이 맞지 않는 사람이었던 것이다. 게다가 융은 자신의 독립성을 희생하고 싶지 않았다. 융의 관심사는 개인적인 명성이 아니라 어떻게 진리를 탐구할 것인가 하는 문제였다.

그럼에도 융이 프로이트 앞에서 가능한 한 자신의 판단을 미루고, 비판적인 의견을 내놓지 않았던 이유는 그것이 두 사람의 협력에 전제조건임을 알고 있었기 때문이다. 융은 프로이트가 자신보다 똑똑하고 경험이 많으니 지금은 그의 말에 귀를 기울여 배울 때라고 자기 자신을 다독이기도 했다. 프로이트가 두 번째로 정신을 잃었을 때 융은 속으로 말했다.

'친애하는 교수님! 더 이상 기절하지 마세요, 네?'

▼

오컬트, '황태자'의 제물

Jung

리비도에 관한 책을 쓰면서 '제물'이라는 챕터를 완성해갈 즈음 나는 이 책의 출판과 함께 프로이트와의 우정을 잃게 되리라 예감했다.

융은 선견지명과 일반적인 초심리학에 대한 프로이트의 견해를 듣고 싶었다. 1909년 빈으로 프로이트를 만나러 갔을 때 그에게 관련 질문을 던졌다.

융도 프로이트가 자신과 다른 의견을 내놓을 것이라고 예상하기는 했지만 그렇게 격한 반응을 보일 것이라고는 생각하지 못했다. 융의 질문에 프로이트는 딱 잘라 "헛소리!"라고 말하며 조목조목 힐난을 퍼부었다. 융은 목구멍 끝까지 차오른 반박의 말들을 애써 삼켜야 했다. 프로이트가 자신의 '아버지' 격임을 알고 있었기 때문이다.

그런데 프로이트가 한창 이야기를 하고 있는데 융은 갑자기 이상한 느낌이 들었다. 자신의 횡격막이 철판으로 변한 것처럼 뜨겁게 달궈지더니 아치형 천장 같은 모양이 되어가는 느낌이랄까.

바로 그때 책장에서 갑자기 '펑' 하는 굉음이 들려왔다. 당시 융과 프로이트는 책장 옆에서 이야기를 나누고 있었기 때문에 깜짝 놀라지 않을 수 없었다. 행여 자신들의 머리 위로 뭔가가 떨어지지는 않을까 걱정도 되었다. 그러나 융은 이 기회를 놓치지 않고 프로이트에게 말했다.

"보십시오. 이게 바로 촉매에 의한 객관적 현상의 예입니다."

프로이트가 대꾸했다.

"하! 거참, 허튼소리군."

융은 자신의 말이 결코 허튼소리가 아니라며 답했다.

"이번엔 교수님이 들리셨습니다. 감히 예인하건대 잠시 후 똑같은 굉음이 나 제 말을 증명해줄 겁니다!"

펑! 융의 말이 끝나기 무섭게 책장에서 아까와 같은 소리가 울려 퍼졌다. 물론 프로이트는 깜짝 놀라 어안이 벙벙한 표정으로 융을 바라보았다. 그의 눈빛에는 '불신'이 서려 있었다.

1909년 4월 16일, 프로이트가 융에게 장문의 편지를 보내왔다. 편지는 진지한 가르침과 자기변명으로 가득했는데 그 내용은 대충 이러했다.

친애하는 친구에게

같은 날 저녁에 나는 자네를 나의 장자로 받아들이고, 자네를 나의 후계자이자 황태자로 삼았네. 이는 결코 일반적인 일이 아니지. 지금은 아무래도 내가 자네의 아버지 역할을 한 번 더 해야 할 것 같군. 여러 내적인 요소 때문이라도 나는 그런 일이 발생한다는 사실을 믿을 수 없다네. 당장 내 눈앞에 있는 가구는 영혼이 없는 죽은 물건일 뿐이지. 그리스의 신들이 시인들 앞에서 자취를 감추고 그 눈앞엔 신이 존재하지 않는 고요한 자연만이 존재하는 것처럼 말이야.

1910년 융은 다시 프로이트를 찾아갔고, 프로이트는 자신의 저서 《일상생활의 정신병리학》을 융에게 주었다. 책에는 '나의 친애하는 친구 융에게'라는 메시지와 서명이 되어 있었다.

1911년 빈에서 국제정신분석학회가 열렸을 때는 프로이트의 고집으로 융이 초대 의장으로 당선되었다.

1912년에 《리비도의 변화와 상징》이 출판된 후 융은 프로이트에게 책을 선물하며 지극히 겸손한 어조로 말했다.

"오만불손한 학생이지만 감사의 마음을 가득 담아 교수님께 이 책을 바칩니다."

그러나 융의 《리비도의 변화와 상징》은 융과 프로이트의 우정에 종지부를 찍고야 말았다. 물론 두 사람 사이가 틀어진 건

▼

이 책 한 권 때문이 아니라 작은 균열이 조금씩 벌어지며 더이상 되돌릴 수 없을 만큼 틈이 생겨서였다.

그렇기에 리비도에 관한 책을 쓰면서 '제물'이라는 챕터를 완성해갈 때 즈음, 융은 이 책의 출판과 함께 프로이트와의 우정을 잃게 되리라 예감했다. '제물'이라는 챕터에 근친상간에 대한 견해를 쓸 예정이었는데, 이는 리비도라는 개념에 대한 중대한 변화이자 프로이트의 견해에 반하는 것이었기 때문이다.

융은 프로이트가 절대 자신의 견해를 받아들이지 않을 것임을 잘 알고 있었다. 이에 대해 걱정이 많았던 융은 아내에게 자신의 고민을 털어놓았다. 누구보다 융의 마음을 이해했던 아내는 프로이트가 도량이 넓은 분일 거라 믿는다며 어떤 반대 의견도 제시하지 않을 거라고, 어쩌면 견해를 받아들일지도 모른다고 융을 안심시켰다.

융도 프로이트가 그렇게 해주길 바랐지만 과연! 융은 내적 갈등으로 두 달 내내 집필을 이어가지 못했다. 그를 괴롭히는 문제는 간단했다.

'내가 생각하는 바를 숨겨야 하나? 아니면 중요한 친구를 잃을 위험을 무릅쓸 것인가?'

이 같은 문제를 자문하던 융은 결국 진리를 추구하고자 하는 신념 하나로 잡념을 떨치고 다시 펜을 잡았고, 그의 예상대로 프로이트와의 우정을 잃었다.

Chapter 6

환상의 세계;
남성이 여성의 정신적 지배자가 되다

"

융, 마음이 단단한 사람

프로이트와 각자 갈 길을 걷게 된 후 융은 분석심리학을 창안해 신화와 종교, 영혼 등 프로이트가 소홀히 여긴 문제들을 심리학 분야에 접목했다. 이로써 융은 근대사조의 혁명가이자 주도자라 불릴 입지를 다졌고 융을 빼놓고는 현대사회와 밀접하게 연관된 사상을 논할 수 없을 정도가 되었다.

이 무렵 융은 여성들에게 많은 호감과 신뢰를 얻었다. 이는 그가 185센티미터의 키에 준수한 외모를 지녔기 때문만이 아니라 누구보다 여성의 마음을 잘 헤아린 것이 한몫했다.

융 때문에 날나라에 실던 소녀는 손에 쥐었던 흉을 내려놓았고, 융 때문에 편집증이 있던 여성의 울부짖음은 귀여운 망상이 되었다. 융 때문에 여성들은 '사랑'의 중요성을 깨달았으며, 융 때문에 아버지를 흠모하던 천사는 진짜 하나님의 사자가 되었다. 융 때문에 베데스다 연못은 사랑의 에덴동산이 되었고, 융 때문에 귀부인은 뺨을 때리기 위해 높이 들어 올린 손을 내려놓았다.

융은 삶에 자신감을 잃은 중년 환자들, 그중에서도 특히 여성 환자들에게 심리치료를 진행해 해당 분야의 선구자가 되었다.

달나라에 사는 소녀,
손에 총을 들다

Jung

내가 마지막으로 그녀를 만났을 때, 그러니까 치료를 끝내던 그때 그녀는 들고 있던 총을 내게 건넸다. 깜짝 놀라며 총으로 뭘 할 생각이었느냐고 묻는 내게 그녀는 대답했다.

"당신이 날 속였다면 이 총으로 당신을 쐈겠죠!"

그녀는 열여덟 살 묘령의 소녀로 긴장증(catatonia) 환자였다. 어린 시절 겪은 불행으로 병을 얻은 그녀는 완전히 입을 닫은 상태였다. 그래도 다행인 건 그녀가 융을 만났다는 사실이었다.

그녀는 교양 있는 집안 출신으로 꽃다운 나이 열다섯에 오빠에게 성폭행을 당하고, 이후 학교 친구에게까지 능욕을 당하는 아픔을 겪었다. 이러한 일련의 사건들은 즐거웠던 소녀

▼

의 삶을 망쳐놓았고, 열여섯 살부터 그녀는 사람들을 멀리하며 외로움 속으로 움츠러들었다. 결국 그녀가 의지하는 유일한 친구는 이웃집의 맹견뿐이었다.

날이 갈수록 괴팍해지는 그녀를 감당할 수 없었던 가족들은 그녀를 정신병원에 입원시켰다. 그때 그녀의 나의 열일곱 살로, 이후 1년 반의 시간을 정신병원에서 보냈다. 그녀는 심각한 환청에 시달리며 음식을 먹길 거부했고, 벙어리처럼 입을 꾹 닫은 채 단 한 마디도 하지 않았다.

융이 몇 주간의 치료를 통해 차근차근 그녀를 설득시키고서야 그녀는 비로소 입을 뗐다. 이후 다시 여러 장애를 극복하고 그녀가 융에게 털어놓은 이야기는 이랬다.

"저는 달나라에 살고 있어요. 달에는 아무도 살고 있지 않은 것처럼 보이지만 남자들로 가득해요. 그 남자들이 저를 달 아래 있는 어느 거처로 데리고 갔는데, 그곳에는 그들의 자식과 아내들이 살고 있었어요……."

"그들은 왜 그곳에 살고 있죠?"

융이 유도성 질문을 던지자 그녀는 달에 있는 높은 산에 여성과 아이들만을 노리는 흡혈귀가 살고 있기 때문이라고 했다. 그래서 그녀는 달나라 사람들을 위해 그 흡혈귀를 제거하기로 했다며, 이를 위해 높은 탑을 쌓고 흡혈귀가 나타나기를 기다렸다고 했다.

그녀는 망토 속에 제물용 가축을 죽이는 데 사용하는 긴 칼을 숨긴 채 탑의 망루에 서서 기다렸고, 며칠 밤이 지났는지 모르지만 드디어 날개를 퍼덕이며 자신을 향해 다가오는 흡혈귀를 보았다. 그 순간 흡혈귀가 그녀의 코앞에 자리를 잡았고, 녀석이 가진 여러 개의 날개가 얼굴과 몸을 모두 감싸 그의 깃털 외에는 아무것도 보이지 않았다.

놀라움과 함께 녀석의 모습이 궁금했던 그녀는 칼을 손에 꼭 쥐고 한 발 앞으로 나아갔다. 그러자 갑자기 날개가 펼쳐지면서 신처럼 아름다운 용모를 지닌 남성이 나타나더니 그녀가 채 반응을 보이기도 전에 날개 달린 두 팔로 집게처럼 그녀를 사이에 끼워 더 이상 칼을 휘두를 수 없게 만들었다. 아무튼 그녀는 흡혈귀의 외모에 홀려 칼을 휘두르지 못했고, 그는 그녀를 들어 올려 날아가 버렸다.

그녀는 아무 구애를 받지 않고 이야기를 꺼냈지만 이내 반항심을 드러내며 융이 그녀가 달로 돌아가는 길 막기라도 한 듯이 행동했다. 그녀가 말했다.

"이 세상은 아름답지 않지만 달나라는 아름다워요. 그곳에서의 삶도 의미가 있고요."

이후 긴장증이 다시 재발해 한동안 그녀는 그야말로 실성 상태였고, 융은 그녀를 요양원으로 보낼 수밖에 없었다.

두 달 후 퇴원을 했지만 이제 지구에서 살아가야 한다는 사실과 필사적으로 싸우던 그녀는 결국 다시 정신병원으로 이송되었다.

▼

융은 다시 그녀를 찾아가 이렇게 말했다.

"이래봤자 당신에게 득이 될 게 없어요. 당신은 절대 달나라로 돌아갈 수 없을 테니까요!"

그녀는 슬퍼했지만 묵묵히 이를 받아들였고, 이번엔 꽤 빨리 퇴원했다. 이후 그녀는 한 요양원에서 한동안 간호사로 일했다. 그러던 어느 날 요양원의 한 보조 의사가 그녀에게 폭언에 가까운 타박을 주자 그녀는 리볼버를 꺼내 그를 향해 발사했다. 다행히 그 보조 의사가 경미한 상처를 입고 사건이 일단락되었지만 이를 계기로 그녀가 어디를 가든 총을 지니고 다닌다는 사실이 밝혀졌다. 실제로 이 사건이 있기 전에도 그녀가 총알이 장전된 소총을 가지고 있는 모습을 목격한 이가 있었다.

융이 그녀를 마지막으로 치료하던 날 그녀는 그 총을 융에게 건네주었다. 총을 본 융이 깜짝 놀라며 총으로 뭘 할 생각이었느냐고 묻자 그녀는 대답했다.

"당신이 날 속였다면 이 총으로 당신을 쐈겠죠!"

맙소사! 어쨌든 총을 쏘고자 하는 충동이 가라앉은 후 그녀는 고향으로 돌아갔다. 그녀는 고향에서 결혼했고, 아이도 몇 낳았으며, 두 차례의 세계대전을 겪고도 운 좋게 살아남았다. 물론 그녀의 병은 재발하지 않았다.

융은 그녀의 여러 환상을 해석하는 방법으로 그녀가 자신의 이야기를 하도록 이끌어내고, 더 나아가 그 마귀를 배신하

고 현실의 사람에게 자신을 의지하게 만들었다. 이렇게 그녀
는 인간 세상으로 돌아왔다.

편집증녀,
귀여운 망상을 외치다

Jung

나는 심지어 이 여인을 유쾌한 노인이라고 생각하고 있었다. 그녀는 의외로

귀여운 망상을 가지고 있었기 때문이다. 그녀가 제정신이 아닐 때도 그녀의

인성은 허튼소리를 뚫고 제 모습을 불쑥불쑥 드러냈다.

사람들은 일반적으로 정신분열증 환자의 말에는 별다른 의
미가 없다고 생각했다. 그러나 융은 바베트라는 환자의 말을
연구 분석해 정신분열증 환자의 말이 그렇게 미친 소리만은
아니라는 생각을 가지게 되었다.

바베트는 좁고 더러운 취리히 구시가지 출신으로 가난하고
어려운 환경에서 자랐다. 그녀의 언니는 매춘부였고, 아버지
는 술주정뱅이였다. 서른아홉 살 때 과대망상증을 특징으로
하는 전형적인 편집증적 조발성 치매(편집증적 정신분열증) 증

상을 보이기 시작한 바베트는 여생을 정신분열증 환자로 살다 생을 마감했다.

그녀가 살면서 한 유일한 공헌은 수백 명의 의대생에게 직관 수업의 실례가 되어준 것이었다. 학생들은 전형적인 병증을 가진 그녀를 통해 한 사람의 정신이 분열되는 놀라운 과정을 목격할 수 있었다.

융이 바베트를 만났을 때 그녀는 이미 병으로 20년이나 입원생활을 이어가는 중이었다. 당시 바베트는 완전히 정신을 놓아 아무 의미 없는 말들을 쏟아내곤 했는데, 융은 그녀의 터무니없는 말속에 숨겨진 뜻을 이해하기 위해 최선의 노력을 다했다.

물론 노력한 보람은 있었다. 예를 들어 바베트가 "내가 바로 로렐라이다"라고 말했다면 이는 의사들이 그녀의 병세를 일아볼 때마다 하이네의 유명한 시 〈로렐라이〉의 첫 구절을 인용해 "이게 무슨 의미인지 알 길이 없네"라고 말했기 때문이다. 당연히 의사들은 이 말을 할 때 '로렐라이'라는 이름을 언급했고, 그들이 무심코 반복했던 말을 바베트가 기억해두었다가 이를 그대로 내뱉은 것이었다.

한편 바베트가 "나는 소크라테스의 대리인이다"라고 소리 쳤다면 이는 "나는 소크라테스처럼 부당한 지적을 받았다"라는 뜻임을 발견했다.

소크라테스는 고대 그리스의 철학자로, 그의 제자인 플라톤과 플라톤의 제자 아리스토텔레스와 함께 고대 그리스의 3대 철학자로 불리며 서양 철학의 창시자로 여겨진다. 아테네의 시민이었던 소크라테스는 아테네의 신을 모욕하고 아테네 청년들의 사상을 타락시켰다는 죄로 아테네 법정에서 사형을 선고받았다. 당시 소크라테스에게는 도망갈 기회가 있었지만 그는 독약을 마시고 죽는 쪽을 선택했다. 자신이 도망을 간다면 아테네 법의 권위를 또 한 번 무너뜨리는 행동이 될 테고, 자신이 달아난 후 더 이상 아테네에 사람들을 가르칠 좋은 선생이 없음을 걱정했기 때문이다.

소크라테스가 부당한 비난과 심판을 받았음은 명백했다. 그러나 관건은 실성한 바베트가 어떻게 소크라테스를 이해하고 이처럼 철학적인 이야기를 했느냐는 사실이다. 바베트의 이 말을 융이 직접 듣지 못했다면 그는 이를 진짜라고 믿지 못했을지도 모른다.

그 외에도 바베트는 "나는 대체 불가한 공예학교다", "나는 옥수수 시트 아래 건포도 케이크다", "나는 게르만과 헬베티아의 아주 달콤한 크림이다", "나폴리와 나는 전 세계에 면을 공급해야만 한다"는 등의 황당한 말들을 불시에 뱉어냈다. 이는 자신에 대한 과대평가로 열등감을 메우려는 심리가 작용한 것이었다.

이렇게 융은 과대망상증 환자의 생각과 환상에도 약간의 뜻이 포함되어 있으며 정신병의 배후에는 그 사람의 인격과 인생사, 바람, 그리고 욕망이 숨겨져 있음을 깨달았다. 환자가 아무리 무감각하고 슬퍼 보이더라도, 심지어 바보 같아 보이더라도 그들의 생각은 여전히 깨어 있었으며 보기보다 훨씬 많은 의미를 내포하고 있었던 것이다.

바베트의 사례를 연구 분석하며 무엇보다 융이 놀라움을 금치 못했던 점은 그동안 심리학자들이 정신병을 이해하기 위해 이토록 많은 시간을 쏟는 동안 환자들의 환상에 포함된 뜻을 알려 하거나 그 이유를 물으려 했던 사람이 없었다는 사실이다.

융은 "왜 이 환자가 이런 환상을 갖게 되었을까? 환자마다 전혀 다른 환상을 갖는 이유는 뭘까?"라는 자문을 바탕으로 바베트를 연구 분석해《조발성 치매의 심리학》이라는 책에 그녀의 사례를 기록했다.

이후 1908년, 취리히 시청에서 바베트의 빙에 관한 상연을 하기도 했으며, 1909년 프로이트가 취리히로 융을 만나러 왔을 때는 그에게 바베트를 소개하기도 했다. 당시 프로이트는 융에게 말했다.

"융, 자네가 이 환자에게서 발견한 사실은 아주 흥미롭군. 그런데 어떻게 이렇게 못난 여인과 그렇게 많은 시간을 보낼 생각을 했는가?"

잘은 몰라도 이에 융은 분명 프로이트가 기분 나빠할 만한 눈빛을 보냈을 것이다. 융은 단 한 번도 그런 생각을 가져본

적 없거니와 심지어 이 여인을 유쾌한 노인이라고 생각했기 때문이다. 융에게 바베트는 그저 귀여운 망상을 가지고 흥미로운 이야기들을 늘어놓는 사람일 뿐이었다.

▼

집에 사랑하는 아내가 있으면
남자는 자살하지 않는다

Jung

부인의 태도는 이 환자에게 감당할 수 없는 짐을 지워주었다. 이러한 스트레스 때문에 그의 병은 결혼 1년 만에 재발했다. 훗날 나는 이 환자가 자살했다는 전보를 받았다.

중국 옛말에 '가정에 현명한 아내가 있으면 남편이 부정한 일을 하지 않는다'라는 말이 있다. 물론 스위스에 살았던 융이 중국의 옛말을 알 리는 없었을 것이다. 그러나 심리분석치료를 하는 과정에서 융은 중국의 이 옛말에 공감할 만한 경험을 했다.

융이 그를 처음 만났을 때 그는 우울증을 앓고 있었다. 융에게 치료를 받고 병을 떨친 그는 집으로 돌아가 결혼을 했다. 그러나 안타깝게도 그는 좋은 아내를 얻지는 못했다.

융은 그 환자의 아내를 처음 봤을 때부터 그녀가 마음에 들지 않았다. 상식적으로라면 자신의 남편을 치료해준 융에게 고마운 마음을 가져야 맞는데 그녀는 오히려 융에게 감사하며 융을 지기로 여기는 남편을 탐탁지 않게 여겼기 때문이다. 그것도 모자라 그녀는 자신의 남편에게 정신적으로 큰 영향을 미치는 융을 눈엣가시로 여겼다.

그녀의 이러한 태도로 설명할 수 있는 것은 단 한 가지! 바로 그녀가 자신의 남편을 진심으로 사랑하지 않는다는 것이었다. 그녀는 질투심에 남편의 교우관계를 망치고, 남편을 완전히 자신의 것이라고 생각했는데 이 모든 행동은 사랑이 결여되었기 때문이었다.

아내는 남편을 가장 잘 이해해야 하는 존재였지만 이 환자의 아내는 남편에게 감당할 수 없는 짐을 지워주었다. 이러한 스트레스 때문에 그는 결혼 1년 만에 병이 재발해 다시 우울의 늪에 빠졌다.

자고로 부부란 행복은 함께 누리고 고통은 같이 분담해야 하는 사이다. 아무리 작고 사소한 것이라 할지라도 배려를 하면서 말이다. 부부 사이의 교류는 매일 이뤄진다. 공기처럼 당연하게 여겨질 정도로 평범한 말 한마디로 상대를 웃게 할 수도, 상대를 춤추게 할 수 있는 것이 부부다.

한마디로 가정은 시비를 따지고 논쟁을 벌이는 곳이 아니라 부부 사이의 존중과 이해가 필요한 곳이다. 물론 이해와 존중을 한다고 해서 무슨 일이든 예의를 차려야 한다는 뜻이 아니라 친밀하고 효과적인 교류를 바탕으로 서로를 이해하고 소통해야 함을 말한다.

부부 사이에는 칭찬도 필요하다. 실없는 인사와 덕담 한마디가 상대의 마음을 기쁘게 하기 때문이다. 이 반대일 경우에는 상대의 마음을 심란하게 만들고 고통을 안길 뿐이다.

사랑도 일종의 우정이다. 부부가 친구처럼 지내야 사랑이 오래갈 수 있다. 부부는 적극적으로 서로를 사랑해 마음의 공동체, 더 나아가 마음의 에덴 동산을 이뤄야 한다. 따뜻한 집안 분위기를 조성해 이를 이어갈 수 있느냐는 모난 구석을 둥글게 만들려는 노력에 달려 있다.

상대를 아끼는 마음에는 가치를 매길 수 없고, 사람은 누구나 포용과 칭찬이 필요하다. 상대가 환자라면 더더욱 세심한 보호와 이해, 인정이 필요하다.

그러나 융의 환자였던 그의 아내는 남편을 아끼지도, 칭찬하지도 않았고 최소한의 이해와 소통조차 시도하지 않았다. 융은 이 모든 일을 예감하고 이 환자에게 기분이 처지면 즉시 자신에게 연락해 치료를 받으라고 당부했다.

그러나 이 환자의 부인은 남편의 의기소침함을 이해하지 못했을 뿐만 아니라 이를 놀림거리로 삼았다. 이러한 상황 속에서 이 환자는 결국 융의 당부를 잊어버렸고, 이로써 융은 환자에게서 아무런 소식도 들을 수 없었다.

▼

도시에서 융이 강연을 했던 날이었다. 한밤중이 되어서야 호텔로 돌아온 융은 어쩐 일인지 잠이 오지 않았다. 새벽 2시 즈음, 융은 몽롱한 정신에 누군가가 자신의 방에 들어온 듯한 느낌을 받았다. 융은 불을 켜고 방 안을 살펴봤지만 아무도 없었다. 누군가가 방을 잘못 찾았나 싶어 복도로도 나가봤지만 그곳 역시 적막뿐이었다.

　"이상하네. 분명 누군가 방에 들어온 것 같았는데!"

　융은 혼잣말을 중얼거리며 곰곰이 생각에 잠겼다. 그제야 융은 자신이 경미한 통증에 잠에서 깼다는 사실을 깨달았다. 마치 뭔가가 그의 이마를 치고 다시 그의 뒤통수를 때린 느낌이었다.

　다음 날 융은 그 환자가 권총으로 자살했다는 전보를 받았다. 이후에 안 사실이지만 그 환자는 머리에 스스로 총을 쐈는데 총알이 이마를 지나 머리를 관통하지 못하고 뒤통수에 박혔다고 했다.

　세상의 모든 부부가 행복한 생활을 한다면, 모든 부부의 삶이 태양처럼 찬란하다면 얼마나 좋겠는가! 그러나 이는 늘 가정일 뿐이다.

천사, 엘렉트라 콤플렉스에
종지부를 찍다

Jung

나는 아무 '방법'도 사용하지 않았다. 그저 '인도적인 힘'이 존재함을 눈치챘을 뿐이다. 나는 그녀에게 이를 설명했고, 그녀의 병은 완치되었다. 이번 사례에서 방법은 전혀 중요하지 않았다. 중요한 건 '하나님에 대한 두려움'이었다.

융은 환자를 개종시키려 한다거나 환자에게 압력을 행사한 다거나 강제적으로 명령을 내린 적이 없었다. 어떠한 일에 대해 환자 개인의 의견을 갖는 것이 무엇보다 중요하다고 여긴 그였기 때문이다. 그런 까닭에 융은 환자를 있는 그대로 받아 들였다.

어느 날 밤 융은 꿈을 꾸었다. 한 낯선 여인이 치료를 받기 위해 융을 찾아오는 꿈이었다. 꿈속의 그녀는 융에게 자신의 증상을 대략적으로 설명했고, 이를 듣던 융은 속으로 이런 생각을 했다.

'전혀 이해를 못 하겠군. 이게 다 어떻게 된 일인지도 모르겠고.'

그러나 불현듯 융은 그녀가 심상치 않은 엘렉트라 콤플렉스에 걸린 것이 분명하다는 사실을 깨달았다.

이튿날 융은 꽉 찬 예약 진료로 바쁜 하루를 보냈다. 오후 4시가 되어서야 겨우 한숨을 돌리려는데 그가 허리를 채 펴기도 전에 한 젊은 여성이 그의 진료실에 발을 들였다. 아리따운 얼굴에 제법 세련된 옷차림을 한 그녀는 유대인으로, 어느 부유한 은행가의 딸이었다.

물론 융은 그녀가 종교적 신앙을 잃은 환자라는 사실을 단번에 알아차렸다. 그녀는 자신이 이미 다른 의사에게 상담을 받은 적이 있는데 그 의사가 자신을 사랑하게 되어 더 이상 그 의사에게는 치료를 받을 수 없게 되었다고 솔직히 털어놓았다. 정신과 의사가 자신의 환자와 사랑에 빠지는 것은 일종의 금기였는데 다행히 그 의사는 자신의 감정에 즉시 브레이크를 걸었다. 자신이 그녀의 병을 제대로 치료할 수도 없을뿐더러 그대로 가다가는 가정을 파탄 낼 수도 있다는 사실을 깨달았기 때문이다. 그리하여 그 의사는 그녀에게 다시는 자신을 찾아오지 말라고 부탁했다고 한다.

꽤 오랫동안 심각한 불안증에 시달렸던 그녀는 의사의 역전이(정신분석 과정에서 분석가가 피분석가에게 느끼는 감정의 총체)를 겪으며 증세가 한층 악화되었다며 융을 찾아온 이유를 설명했다.

융은 차트에 적힌 그녀의 병력을 찬찬히 훑어보았지만 달리 특이 사항을 찾을 수 없었다. 이 유대인 아가씨는 서구화된 생활방식을 고수하며 머리끝부터 발끝까지 진보적인 사상을 가진 사람이었다. 한마디로 겉으로 보기엔 마음의 응어리라곤 전혀 찾아볼 수 없는 모습이었다. 그러다 문득 융은 어젯밤 자신이 꾼 꿈을 떠올리며 생각했다.

'맙소사! 설마 어제 꿈속에서 봤던 그 아가씨가 이 아가씨인가?'

하지만 그녀에게 엘렉트라 콤플렉스의 기미란 찾아볼 수 없었다. 이에 융은 평소 습관대로 그녀의 할아버지에 관한 질문을 던졌다. 그러자 그녀는 잠시 눈을 감았고, 이를 포착한 융은 속으로 계산을 마쳤다.

이것이 바로 문제의 핵심이었던 셈이다. 융의 유도 아래 그녀는 자신의 할아버지가 랍비, 즉 유대교의 율법 교사로 유대교의 작은 교파 소속이라고 말했다.

"하시딤(Hasidaeans, '경건한 자'라는 뜻)파인가요?"

융이 묻자 그녀는 그렇다고 답했다. 이에 융은 좀 더 심층적인 질문을 던졌다.

"그가 랍비라면 성도가 될 기회가 있었겠네요?"

"맞아요."

그녀는 고개를 끄덕이며 이내 큰 소리로 대답했다.

"할아버지는 모종의 성인으로 미래를 내다보는 능력이 있었다고 전해지죠. 하지만 이건 다 헛소리에요!"

여기까지 듣자 융은 그녀의 병의 원인이 무엇인지 알 것 같았다. 융은 말했다.

"지금부터 당신이 받아들일 수 없을지도 모르는 이야기를 할까 합니다. 당신의 할아버지는 성도였습니다. 하지만 당신의 아버지는 유대교의 반역자가 되어 비밀을 발설하고 하나님을 버렸지요. 당신이 정신병을 얻은 이유는 하나님에 대한 두려움이 당신의 마음속에 파고들었기 때문입니다."

유대인 아가씨에게 융의 이 말은 청천벽력과도 같은 충격이었다.

이튿날 밤, 융은 또다시 꿈을 꾸었다. 꿈속에서 융은 집으로 손님들을 초대했는데, 그중에는 그 아가씨도 있었다. 그녀는 융에게 다가와 말했다.

"우산을 빌릴 수 있을까요? 밖에 비가 많이 내려서요."

융이 우산을 가져와 이를 펼치고 그녀에게 건네주려는 순간 그는 마치 그녀가 하나님이라도 된 듯 무릎을 꿇었다.

융은 자신의 꿈 얘기를 아가씨에게 들려주었고, 일주일 후 그녀의 불안증은 완치되었다. 이로써 그녀는 융이 진료를 시작한 이래로 최단 시간에 회복된 사례로 기록되었다.

이 유대인 아가씨는 결코 경박한 사람이 아니었다. 오히려

▼

겉모습 안에 성인의 자질을 숨기고 있었다. 그녀는 하나님의 아이로 그 은밀한 뜻을 받들 운명이었던 것이다.

결국 그녀는 하나님의 사자가 되어 엘렉트라 콤플렉스에서 벗어났다. 이 과정에서 융이 한 일은 하나님에 대한 두려움을 일깨운 것뿐이었다.

암시, 베데스다 연못

Jung

유도된 혹은 통제된 암시는 동시에 찾아온다. 이러한 생각은 이미 꾼 꿈속에 나타났으며, 언제나 꿈과 연관이 있다.

융을 찾아오는 환자 대다수는 종교적 신앙을 갖지 않은, 신앙을 잃어버린 자였다. 바꿔 말하면 치료를 받으러 오는 사람들은 모두 길 잃은 어린양인 셈이었다.

그러나 때로는 독실한 신앙을 가진 신학자도 막막함을 느끼며 길 잃은 어린양이 되는 순간이 있었다. 신학자 역시 사람이고, 그들 또한 꿈꾸기 때문이다.

한 신학자가 꿈을 꾸었다. 사람은 누구나 꿈을 꾸니, 꿈을 꾸는 것 자체는 지극히 정상적인 일이다. 그러나 같은 꿈을 여러 번 반복해서 꾸는 경우라면 말이 달라지는데 신학자는 반복되는 꿈에 잠 못 이루다 꿈에 대한 해답과 도움을 얻기 위해 융을 찾아왔다. 그의 꿈은 이랬다.

그는 산비탈에 서서 아름다운 산골짜기를 내려다보고 있었다. 울창한 숲에 새들이 지저귀고, 숲의 중앙에는 반짝반짝 빛나는 호수가 보였다. 호수에 매료된 신학자는 좀 더 가까운 거리에서 호수의 아름다운 풍경을 감상하고 싶었다. 그러나 마치 무언가가 그를 가로막는 듯 어떻게 해도 호숫가로 갈 수 없었다.

신학자는 며칠 내내 이 같은 꿈을 꾸었고, 그가 호숫가로 다가가려 할 때마다 어김없이 잠에서 깨어나곤 했다. 이에 신학자는 결심이라도 하듯 다음번엔 꼭 그곳에 가보리라 생각을 했고, 이후 정말 그 바람이 이루어졌다고 했다.

이번엔 꿈이 이어져 드디어 호수에 다가가게 된 것이다. 그는 자신이 호숫가로 다가서자 신비한 분위기가 감도는 듯하더니 갑자기 산들바람이 불어와 호수에 검은 물결이 일어났다고 했다. 그리고 그는 이에 놀라 외마디 비명을 지르며 잠에서 깨어났다고 했다.

신학자는 융에게 자신이 꾼 꿈에 대해 솔직하게 털어놓았지만, 그의 눈빛에는 망연함이 서려 있었다. 자신의 꿈을 전혀 이해하지 못하는 모양새였다.

"호수가 아니라 연못을 보셨군요. 베데스다 연못."

융이 신학자의 눈을 응시하며 부드러운 목소리로 말을 이었다.

"이 연못은 환자들이 세례를 받는 연못입니다. 천사가 세상에 내려와 이 연못의 수면을 건드리면서 연못물은 치유의 효과를 가지게 되었다고 전해지지요."

"아니, 아니에요. 연못이 아니었습니다. 불어온 바람에 호수에 물결이 일었을 뿐이라고요!"

신학자는 융의 말을 듣고 두 손을 내저었다. 그는 몸을 바들바들 떨며 한사코 융의 말을 부인했다.

융은 그 산들바람이 어디든 자신이 원하는 대로 갈 수 있는 성령임을 신학자인 그가 모를 리 없다는 것을 알고 있었다.

신학자는 자신이 꾼 꿈에 겁이 질려 있었다. '베데스다 연못'이라는 암시를 받아들이기 어려웠기 때문이다. 이는 그가 보이지 않는 존재, 즉 수호신이자 성령을 봤다는 의미였다. 그랬나. 그는 눈에 보이지 않아야 할 수호신이라는 존재가 그의 꿈속에서 모습을 드러냈다는 사실이 두려웠고, 이를 받아들이고 싶지도 않았다. 이러한 일은 성경에서나 본 이야기, 혹은 주일 아침 설교 주제로나 등장하던 이야기 아니던가!

이런 신학자에게 융이 제시한 문제 해결 방법은 공포감을 극복하라는 것이었다. 신학자는 융의 말을 따랐고, 그 결과 그는 정말로 공포심을 극복했다. 물론 그의 병 또한 치유되었다.

융은 환자를 치료할 때 환자의 뜻을 전적으로 존중해 그에 맞는 방법을 제시했다. 환자가 원치 않는다면 융은 절대 강요

▼

하지 않았다. 병을 치료할 좋은 약도 경우에 따라 치명적인 독약이 될 수 있다고 생각했기 때문이다.

융은 어떤 일이 내적 경험이나 인격의 핵심을 건드렸을 때 대부분의 사람은 두려움과 불안감에 휩싸이고 심지어 그 일에서 달아나려 한다는 사실을 알고 있었다. 이 신학자의 경우처럼 말이다. 그리고 이러한 상황에 닥쳤을 때 신학자들이 다른 사람들에 비해 훨씬 치료하기 어렵다는 사실 또한 알고 있었다.

그들은 종교와 가깝고, 교회와 종교적 규율에 속박을 받기 때문이다. 영적 체험 자체가 사람들이 쉽게 받아들일 수 없는 일인 데다 정신적인 실체가 있을 수 있다는 사실을 그들은 더욱 인정할 수 없는 것이었다.

그러나 초자연적인 성격을 띤다거나 적어도 역사적인 근거를 가신다면 모든 문제는 훨씬 간단해진다.

귀부인, 올린 손을 내리다

Jung

그녀는 180센티미터가 족히 넘어 보이는 키에 다부진 체격을 지닌 여인이었

다. 솔직히 그녀가 따귀를 올려붙인다면 그 힘이 보통이 아닐 것 같았다!

우리는 왜 길을 걸을 때면 항상 발을 내디디면서 함께 양 팔을 흔들어 몸의 균형을 맞추고, 또 말할 때면 항상 앞뒤 문장의 연관성을 생각해 말하려는 바를 정확하게 전달할 수 있는 걸까? 이는 우리가 어려서부터 걷고, 말하는 것에 습관이 되어 그러한 행동들이 자연스레 몸에 뱄기 때문이다. 중국의 저명한 교육가 예성타오(葉聖陶)의 말처럼 '습관이 천성이 된' 셈이다. 소위 '천성이 되었다'는 것은 원래부터 그랬던 것처럼 굳이 따로 신경을 쓸 필요가 없음을 뜻한다.

사람들은 습관이 되어 자연스레 몸에 밴 일을 절대적인, 불

변의 진리로 여긴다. 그러나 자연스레 생긴 습관에도 좋고 나쁨의 구분이 있다. 이에 관한 반문을 제기한 사람이 바로 중국의 문학가 겸 사상가인 루쉰(魯迅)이었다. 루쉰의 저서《광인일기(狂人日記)》를 보면 이러한 대목이 있다.

'원래부터 그런 거면 무조건 옳은 건가?'

융도 심리치료 차원에서 습관이 몸에 배도록 유도하는 방법을 활용했다. 그러나 그가 활용한 방법은 기존의 틀에서 벗어나 새로운 해석을 거친 것이었다.

당시 정신과 의사나 심리치료사들에게는 환자를 치료할 때 환자와 환자의 감정을 따라야 한다는 암묵적인 관례가 있었다. 그러나 융은 그것이 항상 옳은 방법은 아니라고 생각했다. 때로는 의사의 적극적인 개입도 필요하다고 생각했다.

한번은 한 귀부인이 진료를 받기 위해 융을 찾아온 적이 있었다. 이 귀부인에게는 사람의 뺨을 때리는 습관이 있었다. 그녀는 상대가 자신의 하인이건, 진료해주는 의사이건 상관없이 뺨을 올려붙였다.

물론 이 귀부인의 습관은 정상적인 사람이 자연스럽게 가질 수 없는 그런 습관으로 일종의 병적인 반응이었다. 다시 말해서 그녀는 강박증을 앓고 있었다. 이 때문에 그녀는 줄곧 한 요양원에서 치료를 받아왔다. 그러나 조금만 기분이 상해도 어김없이 주치의에게 따귀를 날리는 버릇은 좀처럼 나아지지 않았다.

그녀가 상대의 뺨을 때릴 때는 이미 이성의 핀이 나간 상태로, 그녀의 머리는 더 이상 상대를 평등한 대상으로 인식하지 않았다. 그녀에게 상대는 그저 자신이 돈을 주고 고용한 고급 시종에 불과했다.

결국 첫 번째 병원의 의사는 이런 그녀를 감당하지 못하고 다른 병원으로 보냈고, 그곳에서도 같은 상황이 반복되었다. 그리하여 두 번째 병원의 의사 역시 그녀를 융에게 보낸 것이었다.

그녀는 180센티미터가 족히 넘어 보이는 키에 다부진 체격을 지닌 전형적인 여장부 스타일의 여인이었다. 그녀가 뺨을 때린다면 그 힘이 엄청날 거란 건 왠지 겪어보지 않아도 알 것 같았다. 그런 그녀가 융의 앞에 앉았다.

당시 융은 그 귀부인이 정말 미친 것이 아니라 따뜻한 위로기 필요한 환자임을 간파했다. 진료가 시작되고 이런저런 이야기를 나누던 두 사람은 의외로 죽이 잘 맞았다. 그러나 의사로서 그녀가 불쾌해할 말을 꺼내야만 하는 순간이 찾아왔고 융은 응전태세를 갖췄다. 아니나 다를까 그녀는 융의 말을 듣자마자 불같이 화를 내며 자리를 박차고 일어났다. 그러고는 손을 올리고 융을 위협하며 말했다.

"감히 그런 말을 하다니! 간이 배 밖으로 나왔군. 내가 뺨을 갈겨주랴?"

그러자 융도 자리에서 일어나며 그녀에게 말했다.

"좋습니다. 그럼 부인이 먼저 때리시지요. 레이디퍼스트 아닙니까! 다만……."

융은 부러 잠시 뜸을 들였다가 말을 이었다.

"그다음에는 제가 부인을 때릴 겁니다!"

융은 그녀에게 겁을 주기 위해서가 아니라 정말 그렇게 할 생각이었다. 그러자 귀부인은 의자에 털썩 주저앉더니 화가 누그러진 목소리로 융에게 따지듯 말했다.

"지금까지 내게 그런 식으로 말한 사람은 아무도 없었다고!"

그 순간부터 치료는 성공적으로 진행되었다. 이 환자에게 필요한 건 남성적인 반응이었다! 융이 관례를 따라 환자를 거스르지 않았다면 이는 완전히 틀린 방법이 되었을 테고, 치료하지 않느니만 못한 결과를 낳았을 것이다. 그녀 스스로 도덕적인 제약을 가할 수 없었기에 강박증을 갖게 된 것이었으니까.

이러한 그녀에게 융은 그녀가 했던 그대로 대갚음을 함으로써 적절한 제약을 가해 환자의 강박증 치료라는 목적을 달성할 수 있었다.

▼

미국의 클라크대학교 앞에서(1909)
앞줄 왼쪽부터 지그문트 프로이트, G. 스탠리 홀, 칼 융
뒷줄 왼쪽부터 아브라함 브릴, 어니스트 존스, 산도르 페 렌치

Chapter 7

무의식;
내용 없는 형식

융이 생각하는 콤플렉스란 개인의 무의식 속에 존재하는 심리의 집합체로 완전한 인격에서 분리되어 독립적인 성격을 띠는 작은 인격과도 같은 것이었다. 그래서 그는 콤플렉스 자체가 곧 욕구이며, 한 사람의 생각과 행동을 지배하고 통제할 만큼 강력한 힘을 지닌다고 보았다.

이에 융은 정신병이 콤플렉스에 뿌리를 두고 있다면, 그래서 연상 테스트로 환자에게 숨겨진 콤플렉스를 찾아낼 수 있다면 치료자는 환자의 콤플렉스에 대한 분석과 해소를 통해 다시 환자의 건강을 찾아줄 수 있을 거라는 가설을 세웠다. 그리고 그 과정에서 '집단무의식'이라는 중대한 발견을 해냈다.

집단무의식은 모든 사람이 공유하는 일종의 마음의 허상으로, 그에 상응하는 객관적 사물과 결합할 때 비로소 의식의 실체가 될 수 있다. 이는 하나의 공식과 같은, '내용 없는 형식'이다. 비록 허상이지만 구체적인 내용과 결합하면 우리의 실생활에 영향을 미치기도 한다.

융은 집단무의식에는 다양한 '원형(archetypes)'이 포함되어 있는데 그중에서도 사람의 인격 형성과 행동에 영향을 미치는 대표적인 원형으로 '페르소나(persona, 개인이 공개적으로 보여주는 공적인 '가면'을 뜻함)', '아니마(남성의 내부에 있는 여성성, 즉 사랑(eros))'와 '아니무스(animus, 여성의 내부에 있는 남성성, 즉 이성(logos))', '그림자(shadow, 가장 강력하고 잠재적인 내면적 본성으로 인간의 어둡거나 사악한 측면을 나타내는 원형)', 그리고 '자기(self, 모든 의식과 무의식의 주인으로 의식과 무의식의 양극성 사이 평형점에 위치함)', 이렇게 네 가지를 꼽았다.

한마디로 집단무의식의 발견은 융의 뛰어난 업적이자 심리학 연구 역사의 기념비적 사건이었다.

신화의 대문을 열다

Jung

나는 생각했다.

'이제 신화의 문을 열 수 있는 열쇠를 가졌으니 무의식에 접근할 수 있는 모든

문을 자유롭게 열 수 있겠군.'

그러나 그 순간 내 안의 무언가가 작은 목소리로 속삭였다.

'왜 모든 문을 다 열려고 하는 거지?'

1912년 크리스마스를 전후로 융은 꿈을 꾸었다.

꿈속에서 융은 화려한 이탈리아식 테라스에 있었다. 한 성의 꼭대기에 자리 잡고 있는 테라스였다. 테라스에는 여러 개의 기둥이 있었고, 바닥뿐만 아니라 난간도 대리석으로 되어 있었다. 정중앙에는 르네상스 양식의 황금 의자가 놓여 있고, 그 앞에는 보기 드물게 아름다운 탁자가 있었다. 초록색 돌로

만든 탁자였는데 에메랄드로 만들었다고 해도 믿을 만큼 아름다웠다.

융은 황금 의자에 앉아 먼 곳을 내다보았고, 그의 아이들은 에메랄드빛 탁자에 둘러앉았다. 그런데 갑자기 하얀 새 한 마리가 날아들었다. 새끼 갈매기 또는 비둘기처럼 보였다. 이 새는 우아한 자태로 천천히 아이들 사이로 날아들더니 에메랄드빛 탁자 위에 안착했다. 융은 이 하얗고 아름다운 새가 행여 놀라 날아갈세라 아이들에게 자리에서 움직이지 말라고 지시했다.

그런데 눈 깜짝할 사이에 하얀 새가 꼬마 아가씨로 변한 것이 아닌가! 여섯 살 남짓 되어 보이는 금발의 꼬마 아가씨는 융이 어떤 반응을 보이기도 전에 아이들과 함께 탁자를 벗어나 성의 복도 기둥 사이를 오가며 장난을 치기 시작했다. 이에 융은 깊은 사색에 잠겼다.

이때 꼬마 아가씨가 돌아와 두 팔로 융의 목을 부드럽게 감싸 안았다. 그러나 융이 아이의 체온을 채 느끼기도 전에 아이는 다시 모습을 감췄다.

'꼬마 아가씨'는 다시 '하얀 새'가 되었다. 하얀 새는 인간의 목소리로 융에게 말했다.

"날이 저물고 초반 몇 시간 동안만 사람이 될 수 있어요. 수컷 비둘기들이 죽은 열두 마리의 비둘기들을 매장하느라 바쁜 시간이거든요."

말을 마친 하얀 새가 날아가면서 융은 잠에서 깨어났다.

융은 꿈속의 광경을 되짚었다. 하얀 새, 에메랄드빛 탁자, 죽은 열두 마리의 비둘기…… 수많은 신화와 함께 열두 제자, 1년 열두 달, 황도대(태양을 도는 주요 행성들의 행로)의 12개의 별자리 등 12와 관련한 것들이 연상되었다.

이 꿈이 무엇을 의미하는지 정확한 답을 찾지는 못했지만 한 가지만은 확신할 수 있었다. 바로 무의식의 의식화가 이루어질 수 있음을 보여주는 꿈이라는 것이었다. 그리하여 융은 예전과 다름없이 생활하되 다양한 환상에 주의를 기울였다.

그 무렵 융은 자신이 걸어온 길을 되돌아보았다. 그는 생각했다.

'이제 신화의 문을 열 수 있는 열쇠를 가졌으니 무의식에 접근할 수 있는 모든 문을 자유롭게 열 수 있겠군.'

그러나 그 순간 그 안의 누언가가 작은 목소리로 속삭였다.

'왜 모든 문을 다 열려고 하는 거지?'

융은 자기 자신에게 물었다.

'나는 대체 어떤 성과를 얻은 거지?'

그러자 그 안의 다른 목소리가 대답했다.

'넌 옛사람의 여러 신화에 대해 연구했지. 영웅과 사람들이 살아온 신화에 관한 책도 썼고 말이야.'

융은 다시 자문했다.

'너도 그 안에 살고 있나? 그럼 네가 살고 있는 신화는 뭐지?'

▼

1913년, 융은 프로이트와 각자의 길을 걷게 된 후, 꽤 오랫동안 방황을 했다. 그는 마치 방향을 잃은 것처럼 어찌할 바를 몰랐다. 융은 자신이 공중에 붕 떠 어디에도 발을 붙이지 못하는 느낌이었다.

그러나 정신과 의사로서 완전히 새로운 태도로 환자를 대할 필요가 있다는 생각에는 변함이 없었다. 그리하여 융은 그어떤 이론적 전제도 두지 않고 환자가 스스로 자신의 이야기를 꺼낼 때까지 기다리기로 했다. 한마디로 물 흐르듯 자연스레 상황이 흘러가도록 두는 것이 목적이었다.

그 결과 융이 예상한 대로 환자들은 자신의 꿈 이야기를 꺼내놓았고, 융은 "그와 연관된 일이 있었나요?", "왜 그렇게 생각하시죠?"와 같은 질문만을 던지면 그뿐이었다. 그랬다. 그렇게 간단했다.

물론 이 과정이 마냥 순조롭지만은 않았다. 그러나 융은 자신이 자아발견을 위한 신화를 써 내려가는 길 위에 있다고 믿으며 용감하게 앞으로 나아갔다. 길을 걷다 벽에 부딪히면 그는 그림을 그리거나 돌을 조각해 이를 일종의 '입문 의식'으로 삼았다.

루쉰은 "애초에 길은 없었다. 사람들이 많이 다니다 보면 그것이 길이 된다"고 말했다. 그렇다. 마음만 먹으면 못할 일이 없다.

신화가 미지의 세계라 할지라도 용감하게 도전장을 내밀고 이를 개척해간다면, 그래서 다른 사람이 지나간 적 없는 길을 걷는다면 신화는 우리의 가벼운 두드림에 응답하여 우리를 다채로운 신화의 세계로 안내할 것이다.

그러나 우리의 최종 목표는 신화의 문을 여는 것이 아니다. 이런 기회는 다시 오지 않는다는 마음가짐으로 책임감과 사명감을 가지고 신화를 수집하고, 연구하며, 신화의 매력을 느끼고 최종적으로 이 시대에 맞는 새로운 신화를 창조해야 한다.

열매를 맺지 못하는 이유는
추위 때문이다

Jung

맹추위 속에 잎사귀만 자라고 열매는 맺히지 않는 나무(나는 이 나무를 내 생명의 나무라고 생각했다)가 나타났다. 그 잎사귀는 서리를 맞아 치료 효과가 있는 포도로 변했다. 나는 이 포도를 따서 목을 빼고 기다리는 사람들에게 나눠주었다.

1913년 10월, 공기 속에 과실이 익어가는 향기가 퍼져갈 무렵 홀로 여행을 하던 융은 무언가가 자신을 압박하는 듯한 느낌을 받았다. 그리고 이내 융은 모든 것을 압도하는 환상에 사로잡혔다.

융은 대홍수로 북해와 알프스 산맥 사이의 모든 땅이 물에 잠기는 모습을 본 듯했다. 홍수가 스위스를 집어삼키려는 순간 산맥들이 점점 높아지는 것이 아닌가! 하늘까지 치솟은 누

▼

런 파도와 물에 둥둥 떠다니는 문명의 잔재들과 익사한 수천 수만 구의 시신들이 보이는 듯하더니 얼마 후 바다 전체가 피로 물들었다.

이 환상은 약 한 시간가량 계속되었고, 융은 혼란스러움과 메스꺼움, 그리고 자신의 무능함에 대한 부끄러움에 몸서리쳤다. 융은 무시무시한 대재앙이 진행 중임을 느꼈다.

그로부터 2주가 지나고 지난번과 같은 상황에 융은 다시금 환상에 빠졌다. 상황은 지난번보다 더 구체적이고 생동감이 넘쳤으며 피바다의 넘실거림이 유난히 도드라졌다.

이 환상은 뭘 뜻하는 걸까? 혁명을 암시하는 걸까? 그때 융의 마음속에서 한 목소리가 들려왔다.

'잘 봐둬! 이건 의심할 나위 없는 백 퍼센트 사실이니까.'

그해 겨울 어떤 이가 융에게 세계 정세와 시국에 대해 어떻게 생각하느냐는 질문을 던졌고 융은 답했다.

"글쎄요. 그 문제에 대해 깊이 생각해본 적이 없어서요. 하지만 피로 물든 바다와 산처럼 쌓인 주검을 본 적이 있지요. 어쩌면 저 자신과 연관된 것일지도 모르지만 말입니다. 아, 물론 저는 그저 제정신에 문제가 생긴 것이길 바랍니다!"

1914년 늦봄과 초여름 사이 융은 연속으로 세 번이나 같은 꿈을 꾸었는데 그 꿈의 내용은 이랬다.

때는 한여름 북극의 한파가 몰려와 대지를 꽁꽁 얼어붙게 만들었고, 융의 마음 또한 차갑게 냉각되었다. 로렌 지역과

운하가 모두 얼어 사람들도 그 황량한 지역을 떠난 것처럼 보였다. 된서리에 살아 있는 모든 녹색식물이 얼어 죽은 모습이었다.

특히 인상적인 것은 6월에 꾼 세 번째 꿈이었다. 그 꿈속에서도 어김없이 혹한이 몰려왔는데 이번엔 앞선 두 번의 꿈과 다른 결말을 맞았다. 맹추위 속에 잎사귀만 자라고 열매는 맺히지 않은 나무가 나타난 것이다.

융은 그 나무가 자신의 생명의 나무일 것이라고 생각했다. 그 나무의 잎사귀는 서리를 맞아 치료 효과가 있는 포도로 변했다. 융은 이 포도를 따서 목을 빼고 기다리고 있는 사람들에게 나눠주었다.

1914년 7월 말 융은 영국의학협회의 초대를 받아 애버딘에서 열리는 학술대회에 참석했다. 이 학회에서 융은 '정신병리학에서의 무의식의 중요성'에 대해 발표할 예정이었다. 반복적으로 나타나는 환상과 꿈, 거기에 무의식의 중요성에 대한 발표까지 겹쳐 당시 융은 극도의 긴장 상태였다. 그는 생각했다.

'이것이 운명이 아니라면 또 무엇이겠는가?'

융은 앞으로 일어날 사건에 대비해 만반의 준비를 마쳤다. 아니나 다를까 8월 1일에 세계대전이 발발했다. 그때 융은 자신의 사명을 명확하게 깨달았다. 그는 대체 무슨 일이 벌어진 건지, 자신의 체험과 인류의 체험이 어느 정도 일치하는지를 알아야 한다고 생각했다. 이를 위해 융이 가장 먼저 한 일은 자신의 정신세계를 탐구하는 것이었다.

그 밖에도 융은 수많은 환자와 접촉하며 사회적 병폐가 이들의 삶에 미치는 영향과 정신질환의 원인을 속속들이 파헤쳤다. 두 차례의 세계대전을 겪은 사람으로서 융은 정신질환을 유발할 사회적 원인에 관심을 가지고 이에 대해 비판적인 태도를 보일 수밖에 없었다. 그는 전쟁이 인간에게 얼마나 큰 재앙인지를 직접 목격했으며, 핵무기의 출현과 핵무기 경쟁이 수천수만 년을 거쳐 진화한 '의식(즉 인류)'을 소멸시킬 위험이 있다는 데 우려를 표했다.

한마디로 융은 사회적 양심을 지닌 심리학자이자 인본주의자였다.

영웅, 지혜, 아름다움

Jung

살로메와 엘리야라니 이 얼마나 기묘한 조합이란 말인가! 그러나 엘리야는 자신과 살로메가 천지가 개벽한 이래로 줄곧 부부였으며, 앞으로도 영원히 부부일 거라고 말했다. 그들은 커다란 검은 뱀과 함께 생활했는데 그 뱀은 내가 꽤 마음에 든 눈치였다.

융은 다시 잠이 들었고, 꿈속에서 그는 무의식에 대한 실험 모드를 가동했다. 융은 환상들을 붙들기 위해 자신이 내리막길을 걷고 있는 중이라고 상상했다. 몇 번의 시도 끝에 한 번은 수백 미터 아래의 심연에 도달하는 데 성공했다.

그리고 두 번째에 그는 자신이 그 끝을 알 수 없는 심연의 가장자리에 서 있음을 느낄 수 있었다. 이 심연은 마치 달로 향하는 길처럼 먼 곳을 향해 끊임없이 펼쳐져 있었다.

▼

융은 이 길을 따라 미지의 세계로 나아갔고, 가장 먼저 분화구가 그의 눈에 들어왔다. 흡사 죽은 자의 왕국에 와 있는 듯한 분위기였다.

한참을 걸어 암벽 밑 비탈길에 가까워졌을 때 두 사람의 모습이 보였다. 솔직히 융은 그 두 사람이 살아 있는 사람처럼 느껴졌다. 한 명은 흰 수염을 기른 노인이었고, 다른 한 명은 아리따운 아가씨였다.

융은 그들에게 다가가 용기를 내어 말을 붙였고, 노인은 말했다.

"내가 바로 엘리야라오."

'뭐? 뭐라고? 내가 잘못 들은 건 아니겠지?'

깜짝 놀란 융은 속으로 생각했다.

'설마 내가 히브리인들의 선지자를 만난 건가?'

그때 아가씨가 말했다.

"나는 살로메예요."

그녀는 맹인이었는데, 융은 그녀의 말에 놀라움을 금치 못했다. 살로메는 신약 성경의 '마태복음' 속 헤롯왕의 의붓딸로, 춤사위로 헤롯왕을 홀려 세례요한의 목을 베게 한 이 아니던가!

살로메와 엘리야라니 이 얼마나 기묘한 조합이란 말인가! 그러나 엘리야는 자신과 살로메가 천지가 개벽한 이래로 줄곧 부부였으며, 앞으로도 영원히 부부일 거라고 말했다. 이게

▼

대체 무슨 말이란 말인가?

게다가 이 부부 곁에는 제삼자까지 있었는데, 그것은 거대한 검은 뱀이었다. 엘리야, 살로메 그리고 뱀, 이렇게 셋이 모여 삼위일체를 이룬다는 것은 대체 무슨 뜻일까? 신화 속에서 뱀은 주로 영웅의 화신으로 등장하는 존재로 영웅과 유사한 점이 많았다. 예를 들면 영웅이 뱀과 같은 눈을 가지고 있다거나 사후에 뱀이 된다거나 뱀이 영웅의 어머니라는 식이었다. 그랬다. 융의 환상은 영웅의 신화였다.

융은 엘리야가 총명한 선지자의 이미지로 이성과 지식을 대표한다는 사실을 알고 있었다. 한편 살로메는 아니마의 이미지였다. 사물의 의미를 알지 못하는 장님이었기 때문이다. 그러나 그녀는 여전히 아름다운 존재였다. 융은 뱀과 엘리야와 살로메가 곧 영웅과 지혜, 아름다움이라는 사실을 깨달았다.

지고로 인간은 지혜와 아름다움을 추구해왔다. 남성 간에는 으레 지혜를 겨뤘고, 여성 간에는 대부분 아름다움을 겨뤘다고 해도 과언이 아니다. 사실 남녀를 막론하고 지혜와 아름다움을 갖춘 이야말로 완벽한 사람이라고 할 수 있다.

지혜로운 사람은 단 한 모금에도 입안 가득 향기가 퍼지는 미주처럼 평생 잊지 못할 존재가 된다. 지혜는 지능과 매우 밀접한 관계가 있지만, 선천적으로 타고나는 것이 아니라 후천적인 노력과 배움을 통해 커진다. 아름다움은 외모가 아닌 지혜에 달려 있다. 외모가 못났더라도 지혜로운 사람은 아름답

다. 지혜를 키워 좀 더 아름다운 사람으로 거듭날 유일한 방법
은 바로 근면이다. '부지런하면 없는 재간도 메울 수 있다'라
는 옛말이 나온 이유도 바로 이 때문이다.

물총새, 꿈의 필레몬

Jung

필레몬은 나 자신이 아닌 다른 힘이었다. 나의 환상 속에서 나는 그와 이야기를 나눴고, 그는 내가 생각지 못한 이야기들을 꺼내놓았다. 말하고 있는 그가 내가 아니라는 것을 명확히 알 수 있는 순간이었다.

융은 꿈과 환상을 통해 무의식을 체험했다. 무의식은 결코 죽어 있거나 시대에 뒤떨어진 무엇이 아니라 살아 있는 존재였다. 융은 연구를 통해 이미 이 가설을 증명했고, 이후 몇 년 동안 이를 기반으로 각종 '원형'에 대한 논의를 이어갔다.

그날도 무의식중에 한 이미지가 떠올랐다. 엘리야의 모습에서 발전된 이미지였는데, 사실상 융은 또 한 차례 꿈을 꾼 것이었다.

그날 융의 꿈속에는 바다처럼 새파란 하늘이 나타났다. 그러나 하늘에는 구름이 아닌 평평한 흙덩이가 떠다니고 있었다. 이 흙덩이가 조금씩 부서져 틈새가 생기면서 사람들은 이를 통해 쪽빛 바다를 볼 수 있었다. 바다와 하늘의 경계선이 보이지 않아 사람들은 원래 바다와 하늘이 하나로 이어져 있다고 생각했다.

그때 갑자기 오른쪽에서 날개 달린 무언가가 하늘을 가로질렀다. 융은 그것이 쇠뿔 달린 노인이라는 것을 알아보았다. 노인은 네 개의 열쇠를 끼워놓은 꾸러미를 매고 있었는데, 그중 하나를 손에 들고 자물쇠를 열려는 모양이었다. 노인에게는 색깔마저 물총새의 그것과 똑 닮은 물총새의 날개가 돋아 있었다.

꿈에서 깨어난 융은 자신의 꿈을 다시 자세히 들여다보았지만, 꿈속의 이미지가 무엇을 뜻하는지 도무지 이해할 수 없었다. 그리하여 융은 이를 그림으로 그려 자신의 머릿속에 각인시키기로 했다.

융이 그림을 그리느라 한창 바쁜 나날을 보내던 어느 날이었다. 호숫가 쪽에 있는 정원을 거닐다 보니 죽은 물총새가 있는 것이 아닌가! 순간 융은 번개 맞은 듯한 충격에 휩싸였다. 취리히 일대에서 물총새를 보기란 쉬운 일이 아니었기 때문이다. 물론 융 역시 여태까지 죽은 물총새를 본 적도, 물총새를 봤다는 말을 들어본 적도 없었다.

그런 물총새를, 그것도 죽은 물총새를 발견한 것이다. 물총새는 죽은 지 며칠 되지 않은 것이 분명했다. 기껏해야 이틀 내지는 사흘 정도 되어 보였다. 게다가 물총새의 몸에는 그 어떤 외상도 보이지 않았다. 참 이상한 일이 아닐 수 없었다.

순간 머리가 번뜩하며 환상 속 필레몬((Philemon, 그리스 신화에 나오는 인물. 제우스와 헤르메스가 변장한 채 프지아 지방을 방문했을 때 궁핍한 생활에도 후하게 대접하여 보상을 받았다))이 융에게 깨달음을 주었다. 이는 마음속에 존재하는 갖가지 사물이었다. 필레몬은 나 자신이 아닌 다른 힘이었다. 환상 속에서 융은 필레몬과 대화를 나눴고, 필레몬은 융이 생각지 못한 이야기들을 꺼내놓았다. 이에 융은 말하고 있는 그가 자신이 아님을 분명히 깨달았다. 필레몬은 말했다.

"당신이 방 안에 있는 사람들을 봤다면, 당신이 그들을 키워냈다거나 그들을 책임져야 한다는 생각을 하지 않았을 겁니다."

그제야 융은 자신 안에 자기 자신조차 모르고 또 말하고 싶지 않은 것을 이야기하는, 심지어 자신에게 반기를 드는 무엇인가가 존재한다는 사실을 알 수 있었다.

심리학에서 필레몬은 내면에 객관화되며 인격화된 존재로 우월한 통찰력을 상징하는데 융에게 그는 신비로운 이미지였다. 때로는 살아 있는 사람처럼 생생했고, 또 때로는 융과 함께 정원을 산책할 수도 있었다. 융은 이것이 바로 인도 사람들이 말하는 종교적 스승이라고 생각했다.

▼

새로운 화신의 윤곽이 드러날 때마다 융은 그것이 개인적인 패배처럼 느껴졌다. "여태 뭘 모르는군요!"라는 뜻 같았기 때문이다. 그러자 두려움이 조금씩 융의 마음을 좀먹기 시작했다. 융은 자신의 가치가 평가절하되고 있음을 느꼈다. 세속적으로 이미 적잖은 성과를 거뒀음에도 밀려오는 패배감은 어쩔 수 없었다. 융은 살아 있는 진짜 종교적 스승이 있기를 바랐고, 지식과 능력 면에서 더 뛰어난 누군가가 자신을 도와 자신의 상상력으로 빚어낸 온갖 것을 명확하게 정리해주길 바랐다.

그러나 융이 원하든 원하지 않든 그 역할은 필레몬에게 맡겨졌다. 융은 필레몬이 그의 강령술사임을 인정했고, 실제로 필레몬은 융에게 많은 깨달음을 주었다. 결국 필레몬이란 곧 '무의식'이었다.

프로이트가 발견한 무의식이 '개인무의식'이라면, 융이 발견한 무의식은 좀 더 넓은 세계를 포함하는 '집단무의식'이다. 집단무의식은 모든 사람이 공유하는 일종의 저장고이자 마음의 허상으로, 하나의 공식과 같은 '내용 없는 형식'이다. 비록 허상이지만 구체적인 내용과 결합하면 우리의 실생활에 영향을 미치기도 한다. 따라서 후천적인 학습과 교육에 신경을 쓰면 집단무의식의 면면이 개별화되어 자각적인 의식이될 수 있다.

▼

인격화, 아니마와 아니무스

Jung

마음속에 존재하는 여성성이 남성의 무의식중에서 전형적인 또는 원형적인

역할을 했다. 그래서 나는 그녀는 '아니마'라고 불렀다. 한편 여성의 무의식중

에서 그와 상응하는 역할을 하는 이미지를 '아니무스'라고 불렀다.

융은 우리의 삶에 인류 역사를 통해 전달된, 우리의 인격 형성과 행동에 영향을 주는 수없이 많은 원형이 존재한다고 보았다. 그중에서도 특히 네 가지 원형이 중요하다고 손꼽았는데 그것은 바로 '페르소나', '아니마와 아니무스', '그림자' 그리고 '자기'였다.

융은 인격 중 이 몇 가지 주요 원형이 서로 충돌하고 대항하는데, 이 충돌과 대항이 지나치게 격렬해지면 인격의 붕괴를 불러와 신경증이나 정신질환을 앓게 된다고 말했다.

그러나 모든 일에는 두 가지 측면이 존재하는 법! 인격이 감당할 만한 충돌은 창의력의 원동력이 되기도 했다. 또한 서로 대립관계에 있는 원형들은 '초월 기능'을 통해 하나로 통일될 수도 있었다.

한마디로 융은 정신과 인격에 대한 시각과 인식의 틀을 넓혀 이론상으로나 실전으로나 의미 있는 한 획을 그었다.

융은 자신의 경험을 바탕으로 몸에서 영혼이 빠져나가는 듯한 환상을 기록했다. 그 과정에서 융은 또 한 번 자문했다.

"내가 대체 뭘 하는 거지? 과학과 전혀 관계없는 일인 것은 확실한데 그럼 이건 뭘까?"

이때 융의 마음속에서 또 다른 목소리가 들려왔다.

'이게 바로 예술이지!'

융은 깜짝 놀랐다. 자신이 한 모든 일이 예술과 연관이 있다고는 단 한 번도 생각해본 적 없었기 때문이다! 융은 또 생각했다.

'어쩌면 나의 무의식이 내가 아닌 인격을 만들어내고 있는 걸지도 몰라. 그리고 그 인격이 굳이 자신을 드러내려 한다면?'

마음속에 한 여인이 존재하며 그녀가 자신을 간섭한다는 사실이 융은 꽤 흥미로웠다. 어려서부터 자신이 관심을 가진 일은 반드시, 그것도 아주 성공적으로 해내던 그였다. 물론 이번에도 예외는 아니었다.

융은 그녀가 원시적인 의미의 '영혼'이 분명하다는 결론을 도출했다. 융은 이 영혼에 '아니마'라는 이름을 붙여주고 여성의 무의식에 존재하는 남성성을 '아니무스'라고 불렀다.

융은 왜 자신 안의 그 무엇을 여성이라고 생각했을까? 이 마음의 여성성이 남성의 무의식중에서 전형적인 또는 원형적인 역할을 했기 때문이다.

융은 모든 남성의 마음속에는 영원한 여성의 이미지, 즉 어느 특정 이미지가 아닌 절대적인 여성의 이미지가 존재한다고 생각했다. 근본적으로 봤을 때 이 이미지는 무의식에서 비롯되며 수백 년간 여성을 경험한 결과로, 조상 대대로 전승된 흔적 또는 '원시성'이었다. 무의식 속의 이미지인 만큼 아니마는 으레 남성이 사랑하는 사람의 모습으로 형상화되었는데 이는 정서적인 호감과 비호감을 나누는 중요한 요소가 되었다.

그렇다면 아니마와 아니무스라는 것은 뭘까? 간단히 말해서 아니마와 아니무스의 가장 전형적인 표현형식은 꿈속의 연인, 즉 '이상형'이다. 이상형이란 곧 가장 완벽하다고 생각하는 연인의 이미지다. 물론 여성만을 뜻하지는 않는다.

사람은 누구나 저마다의 이상형이 있다. 여성들은 백마 탄 왕자님과의 결혼을 꿈꾸고, 남성들은 자신이 꿈에 그리던 여신을 만나길 기대한다. 그런데 당신은 그 또는 그녀의 마음을 사로잡아 상대의 이상형이 될 수 있겠는가? 실생활에서 완벽한 사람을 만나기란 쉬운 일이 아니므로 그 완벽함을 꿈에 그리는 것이다!

이상형은 익숙하지만 낯선 사람으로 꿈에서만 만날 수 있는 연인이다. 이상형에 대한 기준은 사람마다 다르다. 누군가는 날씬한 몸매, 하얀 피부, 커다란 눈망울, 긴 금발의 소유자를, 누군가는 보조개와 앵두 같은 입술을 가진 사람을, 그리고 또 누군가는 항상 엷은 미소를 띠고 있는 사람을 꿈에 그린다.

한마디로 이상형은 완벽한 사람이다. 모든 사람의 꿈속에 영원한 연인이 살아가길 바란다! 당신의 정신세계에 사는 그 또는 그녀는 꼭 아름답지 않아도 조용하고, 차분하며, 이해심이 많은 사람일 테니…….

책, 만다라에 관한 그림

Jung

만다라는 하나의 원, 특히 인간의 내적 세계를 비추는 거울을 뜻한다. 이처럼 상징적인 형식은 동양에서뿐만 아니라 우리 사이에서도 찾아볼 수 있다.

융은 자신의 환상을 '검은 책'에 기록하다 훗날 다시 '빨간 책'에 옮겨 적었다. 약간의 삽화를 그려 넣어 장식도 했는데 삽화의 대부분은 만다라에 관한 그림이었다. 심미적인 관점에서 자신의 환상들을 상술하려는 시도 중이었기 때문이다.

융은 1916년에 그의 첫 만다라를 그리고, 그림의 뒷면에 '나의 첫 번째 만다라, 1916년 작, 무의식중에 완성하다-칼 융'이라는 글을 남겼다. 그 후 1917년 융은 '빨간 책'에 필레몬과 다른 이미지를 삽입했다. 그림 속 필레몬은 땅에 발을 붙인 유일한 존재로 두 팔을 벌리고 있었고, 다른 형상들은 모두 공중에 떠 있었다.

1918년~1919년 사이, 융은 영국군 전쟁포로 수용의 책임자로서 샤토데(Chateau-d'Oex)에 주둔했다. 그곳에 있는 동안 융은 매일 아침 노트를 꺼내 작은 동그라미, 즉 만다라를 그렸다. 만다라는 당시 융의 마음을 반영한 것으로 융은 이 그림을 통해 자신의 정신적 변화를 관찰했다.

한편 1920년 융이 그린 만다라는 그가 1914년 1월 22일에 꾼 꿈에 대해 묘사한 것이었다. 융의 개인적인 분석에 따르면 그 그림은 집단무의식과의 충돌 속에서 꾼 세계대전에 대한 예지몽이었다.

1927년에 꾼 또 한 번의 꿈을 통해 융은 자기 생각이 옳다는 것을 확인할 수 있었다. 그리하여 그는 '영원을 바라보는 창'이라는 만다라로 그 본질을 표현했다. 이 그림은 훗날《황금꽃의 비밀》이라는 책에도 수록되었다. 융은 만다라에 대해 이렇게 설명했다.

'중심의 백광은 우주에서 온 빛이다. 첫 번째 원은 원형질의 생명의 씨앗을 상징하며, 두 번째 원의 네 가지 기본 색상은 우주의 기본 원칙을 나타내고 있다. 세 번째 원과 네 번째 원은 내재적, 외재적 창의력을 나타내며 가장 바깥쪽의 네 원은 다시 빛과 어둠으로 나뉘는 남성과 여성의 영혼을 뜻한다.'

물론 수많은 환상은 탄탄한 토양에 뿌리 내리고 있어야 했으므로 융은 현실로 돌아가는 것이 먼저라고 생각했다. 융에게 현실은 곧 과학적인 이해였기 때문이다. 융은 생각했다.

'무의식이 준 통찰력에서 구체적인 결론을 도출해야 해. 이 것이 내 평생의 임무가 될 거야.'

그러던 어느 날 융은 한 부인에게서 온 편지를 받았다. 이 부인은 융의 무의식에서 생겨난 환상들에 예술적인 가치가 있다며 그것을 예술로 간주해야 한다고 주장했다. 융은 이 편 지에 심기가 불편했다. 현대 예술가는 무의식에 근거하여 예 술을 창조할 수가 없었기 때문이다. 다시 말해서 융은 자신이 만들어낸 환상들이 자발적이고 자연적인 것이라 확신할 수 없었다.

이런 충격과 모순으로 혼란스러움을 느끼는 가운데 융은 그 이튿날 또다시 변형된 모습의 만다라를 그렸다. 원의 가장 자리 중 일부분이 끊겨 있는 대칭이 무너진 그림이었다.

'진정한 민다라란 무엇일까?'

융은 이 질문에 대한 답을 골똘히 생각했고, 끝내 만다라는 곧 '형성, 변화, 영원한 마음의 영원한 창조'임을 깨달았다. 이 는 자기, 즉 인격의 완전성이었다.

이 시기 융이 얼마나 많은 만다라를 그렸는지는 그 자신조 차 기억하지 못할 정도였다. 다만 그가 정말 셀 수 없을 만큼 많은 만다라를 그렸다는 사실만은 확실했다. 융은 그 많은 그 림을 그리면서 수없이 질문을 던졌다.

'이 과정은 나를 어디로 인도하려는 것일까? 그 목적은 무

엇인가?'

만다라를 그리기 시작했을 때 융은 모든 사물, 즉 그가 줄곧 걸어왔던 모든 길과 자신이 행했던 모든 행동이 하나의 점, 그러니까 구심점으로 향하고 있음을 알아챘다. 이후 융은 만다라가 곧 정신적 중심인 '자기'임을 깨달아갔다. 융에게 만다라는 이 중심으로, 인격의 개성화로 향하는 길이었다. 이후 융은 또 한 번의 꿈을 꾸었다. 의식과 무의식의 통합, 즉 무의식의 발전과정의 끝을 뜻하는 꿈이었다. 그 꿈을 꾼 것을 마지막으로 융은 더 이상 만다라를 그리지 않았다.

어쨌든 일련의 꿈과 환상이 없었다면 융은 방향을 잃고 자신에게 주어진 사명을 포기했을지도 모른다. 그런 의미에서 꿈과 환상과 쉽게 포기를 말하지 않았던 그의 끈기와 노력에 감사하는 바다.

1910년의 융

Chapter 8

인생의 여정;
그는 바삐 길을 재촉하는 사람인가?

융은 말했다.

"동시대의 사람들에게 나는 그저 바삐 길을 재촉하는 사람에 불과하다."

그러나 보라. 그는 원시인의 심리와 종교, 풍습을 관찰하기 위해 사막과 오아시스를 찾아갔으며 열대 아프리카를 누비며 두 번의 아프리카 오지 여행을 마쳤다. 미국의 뉴멕시코 주로 가서 푸에블로 인디언들의 생활과 종교 신앙에 대해 조사했고, 인도로 가서 불교 성지의 고요함과 신비로움을 느꼈다. 또한 실론 (Ceylon, 오늘날의 스리랑카)에 가서 인상적인 저녁 예불 장면을 목도했으며, 라벤나의 고대 로마 유적에서 영혼이 세례를 받았다…….

이러한 사실들은 융이 책으로 배운 만큼 실천을 중시해 풍부한 경험을 쌓은 사람이었음을 말해준다.

북아프리카,
사막과 오아시스에 가다

Jung

도시는 나지막한 고지, 고원의 가장자리에 자리하고 있었다. 고원 아래에는 약한 알칼리성을 띤 온천수가 용솟음쳐 수천 갈래의 물길을 통해 오아시스로 흘러 들어갔다.

1920년 초에 융은 드디어 꿈에 그리던 그곳, 그러니까 유럽이 아닌 다른 나라에 가게 되었다. 그곳은 유럽의 언어를 쓰지도, 기독교적 사상이 지배적이지도 않았으며, 유럽과는 다른 종족과 다른 역사, 전통, 철학이 살아 숨 쉬었다. 한마디로 유럽 밖에서 유럽인을 관찰할 기회이자 낯선 환경이 투영된 자신의 모습을 들여다볼 기회였다.

융은 알제를 지나 해안을 따라 동쪽으로 향해 튀니지에 도착한 후 다시 수사로 향했다. 수사에 도착한 융은 아랍어를 모른다는 핸디캡을 만회하기 위해 현지인과 그들의 행동을 관찰하는 데 더욱 집중력을 발휘했다. 그 덕분에 융은 전과는 다른 시각으로 사물을 대하는 법을 터득했고, 기존의 환경에서 벗어난 '백인'의 모습을 이해할 수 있었다.

융은 커피숍에 자리를 잡고 앉아 몇 시간이고 사람들을 관찰하길 즐겼다. 알아듣지도 못하는 대화를 엿들으며 현지인의 손동작을 유심히 관찰했고, 특히 그들의 표정을 살피며 속으로 그들과 유럽인의 제스처에 어떤 차이점이 있는지 비교해보기도 했다.

이후 융은 수사를 떠나 스팍스로 향했고 그곳에서 다시 사하라 사막으로, 사막에서 다시 오아시스의 도시 토죄르로 갔다. 도시는 나지막한 고지, 고원의 가장자리에 자리하고 있었다. 고원 아래에는 약한 알칼리성을 띤 온천수가 용솟음쳐 수천 갈래의 물길을 통해 오아시스로 흘러 들어갔다. 하늘을 향해 우뚝 솟은 야자나무가 녹음을 이루고 복숭아나무와 살구나무, 무화과나무 아래에는 녹색의 클로버가 가득했다. 수풀 사이를 오가는 물총새 몇 마리가 마치 보석 같았다.

나무 그늘 아래에는 흰옷을 입은 사람의 그림자가 아른거렸다. 한눈에 봐도 남성과 어린이 일색이었다. 가끔 여성이 모습을 드러내기도 했지만 모두 수녀처럼 두꺼운 베일을 두르고 있어 그리스 고전기를 연상케 했다.

토죄르에서 네프타 사막으로 간 융은 이른 아침부터 길을

▼

재촉해 오아시스에 도달할 수 있었다. 발 빠른 노새를 탄 덕분이었다.

오아시스에 다다르자 맞은편에서 흰옷을 입은 사람이 다가왔다. 그는 고개를 빳빳이 들고 매우 거만한 태도로 융의 곁을 지나갔다. 그 고상하고 우아한 모습에 깊은 인상을 받은 융은 유럽인을 연상하지 않을 수 없었다.

사하라 사막에 깊숙이 들어갈수록 시간이 느리게 흐르는 느낌이 드는 것도 모자라 심지어 시간이 거꾸로 흐르는 듯했다. 치솟는 열기에 융은 점점 몽환의 세계로 빠져들었다. 오아시스의 민가에 다다라서야 융은 그곳이 자신이 상상했던 모습 그대로라고 생각했다.

다음 날 아침, 융은 낯선 소음에 잠에서 깨어났다. 어제까지만 해도 텅 비어 있던 가게 앞 그 드넓은 광장이 사람과 낙타, 노새, 당나귀로 북적이고 있었다. 불평을 늘어놓는 듯 신음하는 낙타와 그와 경쟁하듯 울부짖는 당나귀, 큰 목소리로 삿대질을 하며 소리치는 사람들까지……. 융은 이 광경을 보자마자 큰 축제가 열렸음을 알아차렸다.

과연 그날은 큰 축제날이었다. 성자를 위해 이틀간 농사일을 하기 위해 사막의 몇몇 부락이 지난밤 광장으로 모였던 것이다. 성자는 가난한 이들의 구제관(救濟官)으로 오아시스에 많은 농지를 소유하고 있었다. 사람들은 이곳에 새로운 농지를 개척하고 그에 필요한 수로를 놓을 준비를 하고 있었다.

그때 갑자기 둥둥 북소리가 울리고 녹색 깃발이 나부끼더니 험상궂은 얼굴을 한 수백 명의 사람이 바구니와 곡괭이를 멘 가운데 '성자'가 나타났다. '성자'는 하얀 수염을 가진 단정한 모습의 노인으로 흉내 내려야 흉내 낼 수 없는 자연스러운 위엄을 드러내는 것이 백 살은 훌쩍 넘어 보였다. '성자'는 흰 노새를 타고 있었고, 남성들이 그 '성자'를 둘러싼 채 북을 두드리며 이동했다.

흥분과 거친 고함 소리가 사방을 가득 메우며 먼지와 열기가 일었다. 사람과 말 들은 마치 전장으로 향하는 전사들처럼 떠들썩하고 위엄 있게 오아시스에 발을 들였다. 그러나 '작업' 단계에 다다르자 현장은 마치 공격을 당한 개미굴처럼 모든 일이 일사불란하게 진행되었다.

한 무리의 사람은 북소리에 발맞춰 흙이 가득 담긴 광주리를 옮기고, 또 다른 무리는 미친 듯이 빠른 속도로 땅을 파 도랑을 만들고 둑을 쌓았다. 그리고 성자는 흰 노새를 탄 채 천천히 현장을 오가며 사람들을 지도했다. 성자가 지나는 곳마다 구령 소리가 커졌고, 커지는 소리만큼이나 사람들의 움직임도 빨라져 일의 리듬이 빨라졌다.

해 질 무렵이 되자 지칠 대로 지친 사람들은 서둘러 낙타 곁으로 돌아와 잠을 청했다. 어스름이 내려앉고 매일 그렇듯 한바탕 개들의 합창이 끝난 뒤에야 온 세상이 고요해졌다……. 무의식중에 원시적인 마력에 빠진 그였지만, 이 경험은 융에게 정신적인 영향을 주었다.

융이 튀니지로 돌아와 마르세유로 향하는 배에 승선하기 전날 밤, 융은 또 하나의 꿈을 꾸었다. 꿈속에서 융은 아프리카 여행에서 느낀 모든 감정을 총결산했는데, 이는 줄곧 융의 기억에 남아 머릿속을 맴돌았다. 융은 기회가 닿는다면 다시 아프리카를 방문할 수 있길 바랐고, 이러한 그의 바람은 5년 후 현실이 되었다.

미국, 푸에블로 인디언

Jung

그때 나는 인디언들의 '자존심'과 그들의 평온하고 차분한 태도가 어디에서

비롯되는지를 깨달았다. 그것은 모두 태양의 자손이라는 그들의 신분에서 나

오는 것이었다.

융이 두 번째로 미국 여행을 떠났을 때, 그는 미국인 친구들과 함께 뉴멕시코 주의 인디언들의 도시를 방문했다. 사실 그곳은 '도시'라고 하기에는 조금 무리가 있는, 인디언들의 작은 마을에 불과했다. 그러나 겹겹이 늘어선 집과 언어, 풍습까지 모두 '도시'라는 단어를 떠올리게 했다.

마을에 도착해 융이 가장 먼저 한 일은 그들의 우두머리를 찾아가는 것이었다. 그렇게 만난 추장은 마흔에서 쉰 살 정도 되어 보이는 남성으로, 이름이 '산의 호수'라는 뜻의 옥비에

비아노였다.

융은 추장 비아노와 거침없이 대화를 나눴다. 그와의 대화는 마치 깊고 낯선 바다를 건너 신대륙을 발견하러 떠나는 배에 몸을 실은 것처럼, 혹은 사람들에게 잊힌 옛것을 찾아 새로운 길에 접어든 것처럼 흥미로웠다. 비아노가 말했다.

"보십시오. 백인들은 하나 같이 사나운 인상을 하고 있습니다. 입술은 얇고, 콧대는 날카로우며, 얼굴에는 주름이 자글자글하지요. 그들은 항상 눈을 부릅뜨고 끊임없이 무엇인가를 찾고 있습니다. 그들은 뭘 찾는 겁니까? 백인들은 항상 새로운 물건을 원하고, 해야 할 일이 있어야 한다는 강박에 시달리며 좀처럼 안정을 찾지 못하는데 우리로서는 그들이 뭘 원하는 건지 모르겠습니다. 한마디로 우리에게 그들은 이해할 수 없는 미치광이이지요."

"왜 백인은 모두 미치광이라고 생각하는 겁니까?"

융의 질문에 비아노는 대답했다.

"그건 그들이 머리로 생각을 한다고 말하기 때문입니다."

"그야 당연한 것 아닙니까? 그럼 당신은 무엇으로 생각을 하나요?"

융은 의아함에 반문했고 비아노는 심장을 가리키며 말했다.

"여기로 생각하지요."

비아노의 대답에 융은 깊은 생각에 잠겼다. 누군가에게 진짜 백인에 대한 생각과 묘사를 들은 것은 생전 처음이었기 때문이다.

융과 비아노가 대화를 나눈 장소는 중심 건물의 5층 옥상이었다. 가까이 보면 다른 건물 옥상에 있는 인디언들의 모습이 보였는데, 그들은 양털 담요를 두르고 매일 같이 만 리 밖 하늘에 떠오르는 태양을 바라보고 있었다. 저 멀리로는 굽이굽이 지평선까지 뻗어 있는, 해발 약 2,300미터의 타오스 고원이 눈에 들어왔다. 지평선상에는 몇 개의 원추형 산봉우리가 솟아 있었는데 높이 4,000미터가 넘는 그 산봉우리는 오래된 화산이었다. 건물 뒤쪽으로는 맑고 투명한 개천이 졸졸 흐르고, 맞은편에는 붉은 흙벽돌집이 옹기종기 모여 있었다. 마을 중심을 향해 겹겹이 자리 잡은 가옥들이 꽤 이국적인 모습이었다.

비아노는 개천을 거슬러 약 30분쯤 올라가다 보면 이름 없는 거대한 산이 홀로 우뚝 서 있다며, 산 정상에 운무가 피어나는 날이면 사람들이 비밀의식을 치르기 위해 그곳으로 사라진다는 이야기가 전해진다고 말했다. 그러나 그것이 어떤 의식인지에 대해서는 침묵했다.

그것은 푸에블로 인디언들의 비밀이었다. 비단 추장 비아노뿐만 아니라 모든 인디언의 비밀이자 그들의 종교와도 연관이 있었기에 엄격히 지켜져야 했던 것이다. 그런 까닭에 융은 단도직입적으로 물어봤자 아무 소용이 없을 거라 생각했고, 실제로도 그러했다.

융과 비아노가 옥상에 앉아 있는 동안 태양이 이글대며 점

▼

점 높이 떠올랐다. 그러자 비아노가 태양을 가리키며 잔뜩 흥분한 목소리로 말했다.

"저기 우리의 아버지가 움직이고 있지 않습니까? 태양이 없다면 아무것도 없는 거나 마찬가지이지요."

그러더니 그는 다음 문구를 찾으려 애쓰다 결국 "사람이 혼자 산속에서 뭘 할 수 있겠습니까? 태양이 없으면 사람은 불도 지피지 못하는 것을요"라고 말했다. 융이 말했다.

"태양이 보이지 않는 신에 의해 만들어진 불덩이일 수도 있지요."

비아노는 융의 이 말을 듣고도 전혀 놀란 기색을 보이지 않았고, 그렇다고 화를 내지도 않았다. 그저 "태양은 신입니다. 이건 누구나가 아는 사실이지요"라며 냉담하게 한마디를 내뱉었을 뿐이었다. 그 순간 융은 넘을 수 없는 높은 벽을 맞닥뜨린 기분이었다.

하루는 융이 강가에 서서 우뚝 솟은 산봉우리를 바라보고 있을 때였다. 갑자기 낮고 묵직한 목소리가 융의 등 뒤에서 들려왔다.

"모든 생명이 이 산에서 비롯된다는 생각이 들지 않습니까?"

나이가 지긋한 그 인디언은 사슴가죽 신발을 신고 조용히 융의 곁을 지나가며 이와 같은 질문을 던졌다. 융은 산에서 거행된다는 비밀의식 이야기가 떠올라 그 인디언의 뒤를 쫓으며 답했다.

▼

"당신의 말이 진리임은 누구나 알고 있지요."

융은 비아노와의 대화가 깊어질수록 조금씩 그 민감한 주제, 즉 부락의 비밀에 점점 다가가고 있음을 느꼈다. 비아노가 말했다.

"결국 우리는 세계의 지붕 위에 사는 민족입니다. 우리는 아버지 태양의 아들들로서 우리의 신앙으로 말미암아 매일 아버지를 돕고 있지요⋯⋯."

그때 융은 인디언들의 '자존심'과 그들의 평온하고 차분한 태도가 어디에서 비롯되는지를 깨달았다. 그것은 모두 태양의 자손이라는 그들의 신분에서 나오는 것이었다. 모든 생명의 아버지이자 보호자인 태양이 날마다 뜨고 지는 것을 돕고 있기에 그들의 삶에는 우주론적인 의미가 있었다.

'모든 생명은 이 거대한 산에서 비롯된다.'

이는 푸에블로 인디언이 부러움을 사는 평온함과 고요함 그 자체였다.

중앙아프리카,
열대의 아프리카 여행

Jung

위쪽으로 보이는 높고 험한 바위 위에는 흑갈색 피부의 호리호리한 사람 한

명이 긴 창에 기대어 미동도 없이 기차를 내려다보고 있었다. 그의 옆에는 촛

대 모양의 선인장이 우뚝 솟아 있었다.

1925년 가을, 융은 두 친구와 함께 열대 아프리카 여행을
떠났다. 첫 행선지는 천연 항구가 자리한 몸바사였다. 그리고
이틀 후 융은 다시 나이로비로 향하는 협궤열차에 몸을 실었
고, 이내 열대의 밤에 빠져들었다.

동이 틀 무렵 잠에서 깨어난 융은 기차가 붉은 먼지에 휩싸
여 깎아지른 듯한 붉은 절벽을 돌아가는 중임을 확인할 수 있
었다. 위쪽으로 보이는 높고 험한 바위 위에는 흑갈색 피부의
호리호리한 사람 한 명이 긴 창에 기대어 미동도 없이 기차를

내려다보고 있었다. 그의 옆에는 촛대 모양의 선인장이 우뚝 솟아 있었다.

융은 그 광경에 매료되었다. 검은 피부의 고독한 사냥꾼이 융의 심금을 울린 것이다. 그동안 한 번도 본 적 없는 완전히 낯선 장면이었지만 융은 마치 그 검은 피부의 사내를 전부터 알고 있었던 듯 친숙한 기분이 들었다. 마치 5000년이라는 시간 동안 서로를 기다려온 것처럼, 다시 청년 시절로 돌아간 것처럼……

점심나절이 되어 융은 해발 1,800미터에 자리한 나이로비에 도착했다. 눈부신 햇살에 언젠가 겨울 안개를 헤치고 본 그 강렬한 태양을 떠올리게 하는 곳이었다.

나이로비 기차역에서 융의 눈길을 사로잡은 건 '일꾼'들이 쓰고 있던 회색 또는 흰색의 스키용 모자였다. 모자챙을 접을 수 있어 찬바람도 믹고 햇빛도 치단할 수 있는 모자였다.

나이로비의 평원에서는 크고 작은 영양과 누, 얼룩말, 혹멧돼지 등의 짐승 떼가 융의 시선을 사로잡았다. 그들은 풀을 뜯어 먹고 고개를 끄덕이며 앞으로 이동하고 있었는데 그 모습이 마치 천천히 흐르는 강물 같았다. 맹수의 침울한 포효 외에는 거의 아무 소리도 들리지 않았다. 그것은 태초의 정적이었다.

융은 이러한 태초의 정적이 좋았다. 그래서 그는 일행과 떨어져 그들이 보이지 않을 때까지 앞을 향해 걸었다. 그곳에 서서 융은 온전한 고독을 느꼈다. 그 순간 융은 자신이 이 세상에 존재하는 최초의 인류가 된 것 같았다.

뒤이어 한창 건설 중인 우간다철도를 따라 도착한 곳은 기차의 임시 종착역인 64번 역이었다. 융은 담뱃대에 불을 붙여 물고는 생각에 잠겼다.

'오이쿠메네(oikoumene, 사람이 사는 모든 땅, 세계, 우주라는 뜻의 헬라어)의 가장자리에 도착한 것 같군. 이제 오솔길만 뻗어 있으려나……'

그때 나이 지긋한 영국인이 융의 곁으로 와 자리를 잡고 앉더니 담뱃대를 꺼내 들었다.

"아프리카는 처음이시죠? 저는 이곳에서 오십 년을 살았답니다."

융이 대답했다.

"아프리카의 이 지역은 처음이지요."

"그럼 제가 조언을 하나 할까요? 선생도 아시겠지만 이곳은 인간의 땅이 아니라 하나님의 땅입니다. 그러니 무슨 일이 생겨도 당황하지 말고 마음을 편히 가지십시오."

영국인은 이내 몸을 일으켜 홀연히 북적이는 흑인들 사이로 사라졌다.

자정 무렵 융 일행은 지칠 대로 지친 몸을 이끌고 카카메가에 도착했다. 그동안 강행군을 한 탓인지 융은 다음 날 열이 나 하루를 꼬박 침대에 누워 있어야 했다. 그 덕분에 '머릿속의 딱따구리'라는 신기한 새를 알게 되었다. 이 새는 정확한 음계로 정확히 노래할 수 있었지만 꼭 마지막 음을 놓치고 처음부터 다시 노래를 시작했다. 혼자 침대에 누워 '머릿속 딱따구리'의 노래를 듣고 있자니 정신이 나가는 기분이었다.

또 하루가 지나고 융은 엘곤 산으로의 여행을 시작했다. 가장 먼저 시야에 들어온 것은 지평선에서 4,400미터 높이로 솟아 있는 분화구 벽이었다. 뒤이어 우산 모양의 아카시아나무가 늘어선 비교적 건조한 초원과 2~3미터 높이의 둥근 언덕이 보였다. 빼곡하게 자리한 그 둥근 언덕은 낡은 흰개미의 집이었다.

그날 밤 야영 중에 큰 소동이 벌어졌다. 여행팀의 요리사가 저녁 준비를 하기 위해 양을 잡았다가 하이에나의 습격을 받은 것이다. 다행히 별다른 사고 없이 하이에나를 제압했고, 일행은 이 이야기를 한 편의 코미디 삼아 웃고 떠들었다. 놀란 가슴을 쉬이 가라앉히지 못하던 요리사에게는 이때부터 '팻독(Fat dog)'이라는 별명이 붙었다.

융은 일명 '영감님'이었다. 이는 이미 머리가 희끗희끗한 반백의 그에게 일행이 붙여준 나름의 존칭이었다. 나이가 많은 사람이 거의 없는 그곳에서 융은 거의 백 살의 노인이나 다름없었다. 실제로 융은 그곳에 머무는 동안 흰머리가 난 사람을 보지 못했다.

엘곤 산으로 향하는 길은 멀고 험했다. 위로 올라갈수록 제

3기 용암단층의 지표가 점점 늘어났다. 울창한 숲에는 거대한 봉황나무가 자라나 있고, 불꽃처럼 붉은 꽃들이 피어 있었다. 큼지막한 딱정벌레와 알록달록한 나비가 숲속 여기저기서 춤을 추는 그곳은 천국과도 같았다.

붉은 토양의 평탄한 열대초원을 지나 난디 삼림을 가로질러 무사히 엘곤 산자락에 도착한 융의 일행은 다시 좁은 오솔길을 따라 등산을 시작했다. 엘곤 산비탈에는 그곳 토박이 의사의 아들이 마중을 나와 있었다.

몇 시간 후 융 일행은 널찍한 숲속 공터에 도착했다. 맑고 차가운 개울이 공터를 둘로 나누고 있었는데 그 개울의 끝에는 3미터 정도 높이의 폭포가 있었다. 폭포 바로 밑 웅덩이는 자연스레 융 일행의 목욕탕이 되었다.

야영 장소는 건조하고 완만한 산비탈에 자리 잡고 있었다. 걸어서 15분쯤 걸리는 거리에는 토착민들의 마을이 있었는데 몇 채의 초가집과 가시나무 울타리로 둘러싼 작은 뜰로 이루어져 있었다. 융의 일행에게 물을 길어주는 역할은 한 아낙네와 그녀의 두 딸이 맡았다.

그녀들은 조개껍데기로 만든 넓적한 허리띠를 둘렀을 뿐 거의 발가벗은 채로 초콜릿색 피부와 날씬한 몸을 그대로 드러내고 있었다. 그녀들의 침착한 움직임에는 귀족적인 분위기마저 느껴졌다. 그녀들은 점잖고 예의가 발랐으며, 융의 일행을 볼 때마다 항상 수줍은 듯 매력적인 미소를 띠었다.

융은 현지의 여성들과 대화를 나눈 적이 없었다. 이곳도 남유럽과 마찬가지로 남성은 남성과 여성은 여성과만 대화를 나누며, 그렇지 않은 경우는 연애한다는 의미임을 알고 있었기 때문이다. 다시 말해서 섣불리 말을 했다가는 괜한 '누명'을 쓸 위험이 있다는 뜻이었다.

엘곤 사람들은 성별에 따라 하는 일도 달랐다. 가축을 기르고 사냥을 하는 일은 남성들의 몫이었고, 여성들은 바나나 농장이나 고구마, 수수, 그리고 옥수수밭에서 일했다. 융이 초대를 받아 방문한 집 역시 마찬가지였다.

융을 초대한 사람은 부족장의 아들이었다. 지브로아트라는 준수한 외모의 점잖은 청년이었다. 융은 그에게 신임을 얻었고, 그는 융에게 재미있는 이야기들을 들려주었다. 그가 융에게 바라는 유일한 한 가지는 어머니와 같은 존재인 그의 누이를 만나달라는 것이었디.

융은 그의 요청에 응했고, 그렇게 그의 누이를 만났다. 그녀는 슬하에 네 명의 자녀를 둔, 우아한 풍모를 지닌 중년 여성으로 융이 열대의 아프리카 지역에서 직접 대화를 나눈 유일한 여인이었다. 닭똥과 양의 배설물로 발 디딜 틈 없는 마당에서 융은 그녀와 가족, 아이, 집, 밭 그리고 그녀와 같은 남편을 둔 첫 번째 부인 등 지극히 일상적인 대화를 나눴다.

한편 나일 강의 발원지에서 가파른 암벽 위를 오가는 기니개코원숭이를 관찰한 융은 새로운 사실을 깨달았다. 그것은 바로 인간이 아주 먼 옛날부터 어둠 속에서 빛을 내뿜어 세상을 구원하던 신을 숭배해왔다는 것이었다.

앨버트 호수에서 수단의 레자프로 향하는 길목에 있는 한 마을에서도 융 일행은 짜릿한 경험을 했다. 모닥불을 에워싼 채 남녀노소 할 것 없이 모두 발을 구르고, 목이 터져라 노래하며 땀을 뻘뻘 흘리는 가운데 그들도 함께 야성적인 춤을 춘 것이다.

그 후 융은 나일 강을 따라 드디어 북쪽을 향해, 유럽을 향해, 그리고 미래를 향해 달렸다. 융의 여행은 카르툼에서 끝이 났다. 이렇게 융은 서쪽이 아닌 유럽과 그리스가 아닌 남쪽에서, 그 나일 강의 발원지에서 또 다른 문화를 접하겠다던 자신의 계획을 실현했다.

인도, 불교 성지의 고요함

Jung

이 꿈은 나에게 질문을 던지는 듯했다.

"넌 인도에서 뭘 하고 싶은 거야? 너 자신을 위한, 너의 동료들을 위한 구세주를 찾지 그래? 그게 더 시급한 것 같은데. 지금 네 상황은 위태로워. 수천 수백 년 동안 이룩한 모든 것을 무너뜨릴 직접적인 위험에 직면해 있다고."

1938년 융은 인도 여행을 시작했다. 영국 정부의 초대를 받아 성사된 여행이었다. 콜카타대학교의 개교 25주년 기념행사에 참석해달라는 제안을 받은 김에 인도 여행을 결심한 것이다.

인도에서 융이 가장 주목한 점은 '악의 심리학적 성질'에 대한 문제였다. 융은 이 문제가 인도의 정신적 생활의 일부를 구성하고 있다는 사실에 깊은 인상을 받았고, 이에 새로운 시각으로 문제를 바라보기 시작했다.

융은 인도의 신성에 선과 악이 똑같이 포함되어 있음을 보았다. 인도인들은 선과 악을 초월했고, 명상이나 요가를 통해 이러한 경지에 도달하기 위해 노력했다. 그랬다. 인도인의 목표는 도덕적인 완벽함이 아니라 초탈의 경지에 이르는 것이었다.

융은 불경에 나오는 산치의 사리탑을 참관하고 강렬한 정서적 파동을 느꼈다. 이러한 파동은 훗날 융이 미처 그 의미를 깨닫지 못한 일 또는 사람, 사상을 접할 때마다 다시금 영향을 미쳤다.

그 사리탑들은 작은 바위산 위에 자리하고 있었는데 푸른 초원 중앙의 멋진 돌계단 길을 지나면 산 정상에 도착할 수 있었다. 사리탑에는 승려의 유골이나 사리가 안치되어 있었다. 큰 사발 두 개를 쏘개놓은 듯한 반원 모양으로 석가모니가 《대반열반경(大般涅槃經)》에서 말한 그 모습대로였다.

이 건축물 중 가장 크고 높은 것은 네 개의 정교한 문이 달린 담으로 둘러싸여 있었다. 문 뒤편으로 가서 왼쪽으로 꺾은 다음 다시 시계 방향으로 탑을 돌면 네 방향의 기점에 우뚝 선 불상을 볼 수 있었다. 탑을 한 바퀴 돌고 나면 진입 방향이 같은 더 높은 탑을 끼고 돌게 되어 있었다.

눈앞에 펼쳐진 저 먼 평원과 불탑, 사찰의 잔해들까지…… 융은 성지의 고즈넉함에 매료되었다. 융은 일행과 떨어져 그곳의 분위기에 흠뻑 빠졌다.

잠시 후 멀리서 징 소리가 들려왔다. 점점 가까워지는 생생한 리듬에 정신을 차려보니 성지순례자 무리가 다가오고 있었다. 그들은 앞뒤로 줄지어 서서 작은 징을 치며 '연꽃 속의 진주이신 신이여!'라는 오래된 경문을 외었는데 정확히 '신이여!'라는 부분에서 징을 울렸다.

순례자들은 사리탑 밖에서 허리를 굽혀 절을 한 다음 문으로 들어섰다. 그리고는 다시 불상 앞에서 절을 하더니 합창하듯 성가를 불렀다. 탑을 둘러싸고 난 길을 따라 두 바퀴를 돌면서 그들은 모든 불상 앞에서 찬가를 불렀다.

그들을 가만히 지켜보노라니 융은 자신의 생각과 영혼도 그들과 함께하는 듯한 기분이 들었다. 이에 융은 그들에게 감사하지 않을 수 없었다. 그들 덕분에 미처 말로 표현할 수 없던 감성을 토로할 수 있게 되었기 때문이다.

인도의 산치에서 융은 불교의 새로운 면을 보았다. '자기'로서 현실에 살아 있는 부처의 모습을 포착했고, 그가 자기를 드러내 인격적인 삶을 살길 바랐음을 깨달았다. 융에게 '자기'란 그 어떤 신보다도 높은 것이자 하나의 통일된 세계로 인간의 모든 경험과 세상의 본질을 대표하는 것이었다. 이를 버리면 세상은 존재하지 않았다. 그러므로 인간이 이 빛을 꺼버린다면 세상은 '무(無)'에 빠져들 것이 분명했다. 융은 쇼펜하우어가 이러한 점을 인정했다는 것 혹은 그 스스로 이를 재발견했다는 것이 그의 위대한 업적이라고 생각했다.

융은 인도의 이슬람교와 힌두교, 그리고 영국령 인도의 의학 및 과학계를 대표하는 도시인 알라하바드, 바라나시, 그리고 콜카타에서 명예박사 학위를 받았다. 물론 이는 매우 경사스러운 일이었지만 당시 융에게 가장 필요한 것은 휴식이었다. 그 후 불행인지 다행인지 융은 때마침 이질에 걸려 휴식을 얻었고, 그렇게 그는 편안한 섬에서 꽤 특이한 꿈을 꾸었다.

꿈속의 융은 친구들과 함께 이름 모를 섬에 와 있었다. 사람이 살지 않는 아주 작은 섬이었는데 섬의 남쪽 연안에는 중세의 성이 자리 잡고 있었다. 융의 일행이 그 성의 정원 한가운데 서자 앞쪽으로 우뚝 솟은 웅장한 탑이 보였다. 문 안쪽으로 돌계단이 나 있고, 돌계단 위로는 홀이 있었는데 그곳에서 촛불의 빛이 어렴풋이 새어 나왔다. 융은 그곳이 '성배의 성'이며, 당일 저녁 '성배 축제'가 열린다는 사실을 알아차렸다. 이 꿈은 인도에 대한 강렬한 인상을 단번에 몰아내고 꽤 오랫동안 소홀히 여겼던 서양 세계로 다시금 눈을 돌리는 계기가 되었다. 그리고 융의 관심은 성배와 현자의 돌(philosopher's stone, 중세의 연금술사들이 모든 금속을 황금으로 만들고 영생을 가져다준다고 믿었던 물질)에 대한 탐구에 집중되었다. 이 꿈은 융에게 질문을 던지는 듯했다.

"넌 인도에서 뭘 하고 싶은 거야? 너 자신을 위한, 너의 동료들을 위한 구세주를 찾지 그래? 그게 더 시급한 것 같은데.

지금 네 상황은 위태로워. 수천 수백 년 동안 이룩한 모든 것을 무너뜨릴 직접적인 위험에 직면해 있다고⋯⋯."

실론, 잊을 수 없는 저녁 예불

Jung

이곳에서 나는 잊지 못할 저녁 예불 장면을 목도했다. 젊은 남녀가 제단 앞에 재스민을 잔뜩 뿌리며 작은 소리로 기도문을 읊고 있었다.

실론은 오늘날의 스리랑카, 즉 '스리랑카 민주사회주의공화국(Democratic Socialist Republic of Sri Lanka)으로, 열대의 섬나라다. 인도반도의 눈물방울 같은 형상을 한 스리랑카는 광활한 인도양에 자리 잡고 있다.

'스리랑카'는 신할라어로 '낙원' 또는 '찬란하게 빛나는 땅'이라는 뜻으로, 그 이름에 맞게 '보석왕국', '인도양의 진주'라고 불린다. 아름다운 해변과 신비한 고성, 풍부한 자연유산, 그리고 독특하고 매력적인 문화를 보유하고 있어 마르코 폴로가 가장 아름다운 섬이라고 칭했던 곳이기도 하다.

▼

스리랑카의 경제는 농업 중심인데 그중에서도 실론티가 주요 수출 품목이다. 세계 3대 차 생산국이기도 한 만큼 스리랑카의 국내 경제는 차의 생산량에 많은 영향을 받는다.

스리랑카 국민 중 70퍼센트가 불교를 신봉하며, 16퍼센트는 힌두교를 믿는다. 이 외에도 이슬람교와 기독교 신자들이 있다.

스리랑카의 수도는 예로부터 '동양의 교차로'라 불린 콜롬보다. 중세 시대부터 세계 주요 무역항이었던 이곳을 통해 세계적으로 유명한 스리랑카의 보석들이 해외로 수출되었다.

1938년 인도 여행의 끝자락에 융은 실론에 도착했다. 융이 느낀 실론의 이미지는 확실히 인도와는 달랐다. 남해의 분위기를 지닌, 천국과도 같은 곳이었다.

융의 눈에 비친 콜롬보는 분주한 국제항의 모습 그대로였다. 매일 5~6시면 구름 한 점 없던 하늘에서 갑자기 요란한 장대비가 내리는 통에 융은 수도에서 오래 머물지 않고 구릉지인 내륙으로 향했다.

내륙에 들어서자 옅은 안개에 휩싸인 옛 황성 캔디(Kandy)가 융의 눈앞에 모습을 드러냈다. 저온 다습한 기후에 꽃과 풀, 나무가 우거진 곳이었다. 융의 발길이 닿은 곳은 불치사(The Temple of Tooth Relic)로 작지만 특별한 매력을 내뿜는 사원이었다. 융은 그곳의 장경각에서 꽤 오랜 시간을 보냈다. 스님과 대화를 나누고, 은판에 새겨진 불경을 구경하고······.

▼

모든 것이 그렇게 고요하고 신성했다.

이곳에서 융은 평생 잊지 못할 저녁 예불 장면을 목도했다. 젊은 남녀가 제단 앞에 재스민을 잔뜩 뿌리며 작은 소리로 기도문을 읊는 모습을 보고 융은 혼잣말을 했다.

"부처에게 뭔가를 빌고 있는 거겠지?"

곁에서 안내하던 스님이 말했다.

"아닙니다. 부처님은 이미 열반하여 존재하지 않으니 더 이상 그분께 기도를 드릴 수는 없지요. 저들은 '아름다운 꽃처럼 짧은 이생, 천(deva, 불교에서 말하는 신 또는 신이 사는 세계)이여 우리와 함께 이 제물의 복을 누리소서'라고 노래하는 것입니다."

예불은 인도 사원에서 말하는 만다파(mandapa, 예배나 의식을 준비하는 장방형의 공간)에서 한 시간 동안 북을 연주하는 것으로 시작되었다. 고수는 총 다섯 명으로 장방형의 공간 네 귀퉁이에 각각 한 명이 서고, 나머지 한 사람인 청년 남성은 그 중앙에 위치했다.

중앙에 선 남성은 매우 단정한 연주자로 저녁 예불의 주인공이기도 했다. 그는 윤이 나는 구릿빛 상반신을 드러내고 붉은 화환을 쓰고 있었다. 흰색의 긴치마를 입고, 머리에는 하얀 두건을 두르고, 양팔에는 팔찌가 반짝였다.

독주자인 그는 '음악을 바치기 위해' 양면 북을 메고 금불상을 향해 나아갔다. 우아한 몸동작과 손동작으로 홀로 북을 두드려 내는 소리는 매우 독특했는데, 예술적 관점으로는 완벽했다.

그가 작은 등불이 가득 놓인 문 앞으로 다가갔을 때 융은 그의 뒷모습을 볼 수 있었다. 이때 융은 북소리가 중심을 울리는 오래된 언어이며, 중심은 '기도'가 아닌 생각을 표출하는 행위에 있다는 생각을 했다. 그러므로 이는 존재하지 않는 부처에 대한 숭배의식이 아니라 깨우친 자들의 자기 구원 행위 중 하나였다.

초봄 무렵 융은 귀국길에 올랐다. 머릿속에 온갖 이미지가 넘쳐났지만, 그중에서도 실론의 저녁 예불은 절대 잊을 수 없는 기억으로 남았다.

로마, 라벤나의 세례당

Jung

로마 성은 바로 그곳에 자리 잡고 있었다. 기독교 시대와 중세의 얽히고설킨 뿌리에 둘러싸인 이 고대문화의 중심지에는 오늘날에도 여전히 연기가 피어오르고 있었다.

1913년 융은 처음으로 이탈리아의 라벤나를 방문해 갈라 플라키디아의 묘에 깊은 인상을 받았다. 그리고 20년 후 그곳을 다시 방문했을 때도 그 느낌에는 변함이 없었다.

두 번째 라벤나 방문은 지인과 함께였는데 이번에도 융은 역시 묘에서 정교회 세례당까지 직진했다. 그곳에서 그는 다시금 가슴 떨림을 느끼며 묘한 감정에 사로잡혔다. 융의 마음을 이토록 요동치게 만들다니! 로마, 라벤나, 묘 그리고 세례당에는 어떤 역사와 사연이 있는 것일까?

▼

과거 로마에 대한 서고트족의 약탈은 로마제국 전체를 충격에 빠뜨렸고, 이에 로마 황제 테오도시우스는 통탄을 금치 못했다. 테오도시우스는 395년에 세상을 떠나며 제국을 둘로 나눠 동부를 큰아들인 아르카디우스에게, 서부를 둘째 아들인 호노리우스에게 물려주었다. 그로부터 서로마는 라벤나를, 동로마는 콘스탄티노플을 수도로 정했다.

라벤나는 아드리아 해에서 13킬로미터, 볼로냐에서 동쪽으로 113킬로미터 떨어진 연해 평야에 위치하는데, 6~8세기에는 해상무역의 중심이었다.

현재의 라벤나는 고대로마 특히 동로마제국의 건축물이 잘 보존되어 있는 것으로 유명하다. 그중에는 기원전 420년 서로마 황제 테오도시우스가 자신의 비인 갈라 플라키디아를 위해 건설한 묘가 포함되어 있다. 갈라 플라키디아의 묘는 십자형 평면에 세로 12미터, 폭 10미터로 묘실 안이 대리석 징두리 벽판으로 장식되어 있으며 대리석 조각으로 만든 모자이크 벽화가 벽면을 가득 채우고 있다. 이는 유럽에 현존하는 가장 오래된 십자형 건축물이기도 하다.

한편 449~452년경에 세워진 정통파 세례당은 팔각형의 건축물이다. 융이 두 번째로 들어간 곳이 바로 이 세례당이었다. 먼저 그에게 가장 깊은 인상을 남긴 것은 실내에 가득한 부드러운 푸른빛이었다. 그러나 융을 묘한 감정에 사로잡히게 한 것은 따로 있었다. 바로 기존에 창문이 있었다고 생각한 자리에 자리 잡은 네 폭의 스테인드글라스 그림이었다.

남쪽 창문에는 요단강의 세례식 장면이, 북쪽 창문에는 이스라엘의 백성들이 홍해를 건너는 모습이 묘사되어 있었고 동쪽 창문에는 나아만이 요단강에서 한센병을 씻어내는 장면이 그려져 있었다. 융의 장서에도 이와 동일한 주제를 가진 삽화가 있었더랬다. 그리고 서쪽 창문에는 파도에 휩쓸린 베드로에게 손을 내미는 그리스도의 모습이 담겨 있었다.

융은 이 그림들 앞에서 장장 20분이 넘도록 서 있으면서 이 런저런 생각의 나래를 펼쳤다. 원시적인 세례 의식과 그에 대한 낡은 관념들, 그리고 그 푸른 바다와 조각조각 난 색판 유리들, 베드로와 그리스도가 내뱉은 말들을 떠올렸다.

세례당을 나오며 융은 그 길로 스테인드글라스 그림이 담긴 사진을 구매하러 갔으나 원하는 물건을 찾지 못했다. 주어진 시간이 모자란 탓에 구매는 다음으로 미룰 수밖에 없었다. 이후 라벤나에 가는 지인에게 대리 구매를 부탁하기도 했으나 이 역시 허사였다. 융이 설명한 스테인드글라스 그림은 애초에 존재하지 않았기 때문이다.

라벤나에서의 일은 융이 평생 겪은 일 중에서 가장 기묘한, 설명할 길이 거의 없는 경험이었다.

처음 갈라 플라키디아의 묘를 참관했을 때부터 융은 줄곧 그녀의 모습에 사로잡혀 있었다. 그녀처럼 교양 있고, 흐트러짐 없는 여인이 어떻게 야만스럽기 짝이 없는 군주의 곁에서 살았을까 감탄하기도 했다.

그녀의 묘는 융에게 마지막 유산이었고, 융은 그곳에서 그녀의 인격을 엿볼 수 있었다. 그녀의 운명과 그녀의 존재 자체가 융에게는 생생히 살아 있는 존재였던 것이다.

융은 라벤나의 세례당에서 경험한 이 일을 통해 내적인 것이 외적인 것처럼 보일 수도, 혹은 그 반대일 수도 있다는 사실을 깨달았다. 융은 분명 세례당의 진짜 벽면을 보았지만 완전히 다른 이미지에 가려 그 진짜 모습을 보지 못했다. 그리고 이 이미지는 변함없는 세례반(洗禮盤, 세례에 사용될 성수를 담아 보관해두는 용기)처럼 완전히 사실적이었다. 그 순간 무엇이 진짜였을까?

융은 살면서 그리 많은 여행을 해보지 못했다. 줄곧 로마 여행을 꿈꿨지만, 자신은 그 도시의 아름다움을 즐기기에 적합하지 않다고 생각했다.

1912년 융은 제노바에서 나폴리로 향하는 배에 몸을 실었다. 배가 로마가 위치한 위도에 가까워지자 그는 선측 난간에 기대 로마 쪽을 바라보았다.

융은 다른 곳을 선택할 수 있음에도 로마를 선택해 여행하는 사람들이 참 멋지다고 생각했다. 물론 로마와 유사한 다른 고성도 미학적으로 살펴볼 만한 가치가 있었다. 그러나 여전히 영혼이 살아 숨 쉬며 걸음걸음마다 존재의 깊이에 영향을 준다면, 성벽 하나 혹은 기둥 하나의 잔해가 당장이라도 자신을 꿰뚫어 볼 듯 바라보고 있다면 얘기는 달라졌다.

융은 만년에, 즉 1949년에 로마 여행이라는 오랫동안 미뤄뒀던 수업을 보강하기로 마음먹었지만 표를 사다가 그만 기절하고 말았다. 그 후 로마를 여행하기 위해 세웠던 이런저런 계획들은 고이 방치되었다.

1912년의 융

Chapter 9

탑에서의 생활;
후세가 평가할 업적

“

융, 마음이 단단한 사람

융은 당대 최초로 심리학에서 현학으로 영역을 넓힌 과학자다. 융의 말을 빌리자면 세계는 하나의 실에 묶여 있으며, 이 실은 바로 인간의 영혼이었다.
융의 현학은 결코 터무니없는 것이 아니었다. 그렇다면 인간의 영혼이란 과연 그 깊이를 잴 수 있는 것일까? 그 광범위함은 설명할 방법은? 그리고 융은 또 어떤 사람이었을까?
융은 철학, 역사, 문학, 종교, 연금술, 성명학 등 수많은 저서를 독파했다. 중국의 《역경(易經)》도 숙지했으며 팔괘와 텔레파시, 초능력, 심령술, UFO, 종교적 상징 등에 관해 공부하고 연구했다. 그는 외국어에도 능통해 영어, 프랑스어, 라틴어, 그리스어를 구사했다.
한마디로 융이 문화의 거인이 될 수 있었던 이유는 그가 분야를 막론한 학문적 호기심과 인류문화에 대한 방대한 지식으로 자신을 무장했기에 가능한 일이었다.
결국 융은 융이었고, 그는 자신의 업적에 대한 평가를 후세에게 맡겼다.

탑 위의 비밀에 관하여

Jung

나는 돌처럼 단단한 것으로 나의 신념을 드러내려 했고, 그 결심이 볼링겐에

나 자신을 위한 집, 다시 말해서 '탑'을 짓는 계기가 되었다.

취리히의 아름다운 호수에 마음을 빼앗긴 융은 처음부터 물 가까이 집을 짓겠다고 마음먹었다. 그리하여 1902년 융은 볼링겐의 성 갈 수도원이 소유한 교회 땅을 매입했다.

사실 땅을 살 때만 해도 구체적인 건축계획은 없었지만, 융은 차근차근 계획을 세우고 이를 수정 보완해 나아갔다. 결국 융이 후세에 남긴 '탑'은 그가 반평생의 피땀 어린 노력과 시간으로 일궈낸 결과물인 셈이다.

융이 생각한 집은 단연 원형구조였는데 집 구조에 관한 생각만큼은 시종일관 변하지 않았다. 처음에는 그저 아프리카

인들이 사는 집처럼 원시적인 단층집을 세울 생각이었다. 집 중앙에 화로를 놓고 돌로 그 주변을 둘러 온 가족이 이를 중심으로 움직이는 모습을 상상했다. 벽도 큼직한 나무판을 대어 만들 생각이었다. 그러나 막상 시공을 앞두자 허리를 굽히고 다녀야 하는 오두막은 너무 원시적이라는 생각이 들어 최소한 제대로 된 2층짜리 집을 지어야겠다고 마음먹었다. 그렇게 1923년, 융의 마음에 드는 타워형 집이 준공되었다.

이 탑에서 융은 편안함과 함께 새로 태어난 듯한 기분을 느꼈다. 융에게 그 공간은 모성의 온기를 대표하는 곳이었다. 그러나 차츰 시간이 흐르면서 융은 뭔가가 부족하다는 생각을 지울 수 없었다. 그리하여 4년 뒤인 1927년에 중앙집중형 구조를 더하고 탑 모양의 부속 건물을 증설했다.

그러나 다시금 미완의 느낌을 받은 융은 1932년에 탑 모양의 부속 건물에 자신만을 위한 방을 하나 더 늘렸다. 인도인의 집과 비슷한, 주인만의 비밀장소로 융의 허락 없이는 누구도 그 방에 들어갈 수 없었다. 몇 년의 시간 동안 융은 벽에 그림을 그려 시간이 제약에서 벗어난 생활과 현실에서 벗어나 영원이 된 모든 일을 표현했다. 탑의 2층은 융이 온전히 정신을 집중할 수 있는 공간이었다.

다시 4년이 흐른 1935년 융의 마음에는 울타리를 친 땅이 있으면 좋겠다는 바람이 생겼다. 더 넓은 공간, 하늘과 자연을 향해 항상 열려 있는 공간이 필요했다. 그래서 융은 정원과 호숫가에 인접한 정자를 추가로 만들었다.

이렇게 12년이라는 시간 동안 융은 네 개의 서로 다른 덩어리로 이뤄진 '사위일체'의 건물을 완성했다.

1955년 부인 엠마가 세상을 떠나자 융은 자신의 본 모습으로 돌아가야 한다는 생각을 했다. 그는 문득 높이가 낮아 잘 드러나지 않는 집 정중앙의 그 부분이 자기 자신을 나타낸다는 사실을 깨달았다. 그는 더 이상 자신을 '모성'의, '정신적'인 탑 뒤에 숨길 수 없었고 결국 아내가 세상을 떠난 그해에 자신만의 전용 공간이던 탑 위에 한 층을 더 증설해 자기 자신, 또는 그의 자아 인격을 표현했다.

융은 볼링겐의 탑에 전기를 들이지 않고 벽난로와 스토브를 직접 관리했다. 해 질 무렵이면 등불에 불도 밝혔다. 그는 수도도 설치하지 않고 직접 우물에서 물을 길어다 썼다. 스스로 장작을 패 요리도 했다. 한마디로 모든 것을 소박한 전원의 원시 상태로 돌려놓았다. 융은 '그렇게 소박한 생활이 얼마나 어렵고 힘든 일인가!'라고 생각했다.

1950년 융은 다시 돌로 기념비 같은 물건을 만들어 자신에게 이 탑이 의미하는 바를 표현했는데 여기에는 돌에 관해 얽힌 이야기가 있다.

정원의 울타리를 만들기 위해 융은 볼링겐에서 가까운 채석장에 석재를 주문했다. 그러나 석재를 운반해 하역하고 보니 모퉁이에 사용할 돌이 완전 잘못 온 것이었다. 원래 필요한

▼

건 삼각형 모양의 돌이었는데 가져온 돌은 사각형인 데다 크기며 두께며 모두 훨씬 컸다. 이 같은 상황에 석공은 물론 불같이 화를 냈다. 그러나 이 돌을 본 융이 말했다.

"아닙니다. 이 돌은 제가 쓰도록 하죠. 꼭 이 돌이어야 합니다!"

왠지 모르지만 그 돌이 마음에 들었기 때문이다. 융은 돌을 받아들고 한참을 고민하더니 연금술사 아르날두스 드 빌리노바가 지은 라틴어 시를 새겨 넣었다.

보잘것없는 돌 하나가 여기 놓여 있네,
가격을 논하자면 정말 싸기 짝이 없는 돌!
바보들이 이를 업신여길수록
지혜로운 이들에게 더욱 사랑을 받네.

이것은 연금술사가 꿈에 그리던 돌, 즉 현자의 돌로 이러한 돌은 자연스레 세상 사람들에게 무시를 당했다. 그러나 융이 글을 새겨 넣은 순간 이는 영혼이 깃든 '영원의 돌'이 되었다.

볼링겐의 이 탑과 이 탑에 살았던 사람 그리고 탑의 비밀은 세상에 길이 남을 운명이었던 것이다.

뒤바뀔 수 있는 진리에 관하여

Jung

심리학적 진리가 진리일 수 있는 이유는 그것이 뒤바뀔 수 있기 때문이다. 나에게는 전혀 맞지 않았던 해결 방법이 다른 어느 누군가에게는 딱 맞는 방법이 될 수도 있다.

융은 항상 자신의 심리요법 또는 심리분석법에 의문을 제기했다. 어떤 문제에 대해서는 그도 명확한 답을 낼 수 없었기 때문이다. 그래서 융은 병례에 따라 치료법도 달라져야 한다고 생각했다. 예를 들어 어느 의사가 이런저런 치료법을 이렇게 저렇게 엄격히 고수했다고 말한다면, 융은 그 치료 효과에 대해 의심을 품었다. 한편, 어떤 자료에서 환자의 저항성 반발에 대해 많이 언급하고 있다면 의사가 치료법을 선택할 때 무언가를 환자에게 강요하고 있지 않은지를 의심했다.

사실 치료법은 환자의 상황에 따라 자연스럽게 적용되어야 한다. 한마디로 증상에 맞게 약을 써야 한다는 뜻이다.

중국의 《삼국지·위지·화타전(三國志·魏志·華佗傳)》을 보면 신의(神醫) 화타도 '대증하약(對症下藥)'했음을 알 수 있다. 때는 삼국 시대, 예심(倪尋)과 이연(李延)이 두통과 발열 증상으로 명의인 화타를 찾아갔다. 화타는 두 사람의 증상을 진단한 후 예심에게는 설사약을, 이연에게는 땀을 내는 약을 처방했다. 같은 증상에 다른 약을 처방받고 어리둥절해하던 두 사람은 화타를 찾아가 따져 물었다. 그러자 화타는 예심의 병은 배탈로 말미암은 것이요, 이연의 병은 감기에 걸렸기 때문이니 두 사람에게 다른 약을 처방해준 것이라고 말했다. 두 사람은 약을 먹고 즉시 효과를 보았고, 이에 사람들은 화타가 증상에 맞게 약을 썼다는 사실을 인정했다.

그렇다. 동서고금을 막론하고 심리분석과 심리요법은 사람에 따라 달라져야 했고, 융은 최선을 다해 모든 환자를 달리 대했다. 각자에게 맞는 문제 해결 방법이란 따로 있었기 때문이다. 그렇기에 융은 아무리 보편적인 방법이 존재할지라도 그 방법을 적용하는 것을 최대한 보류했다.

융은 심리학적 진리가 진리일 수 있는 이유는 그것이 뒤바뀔 수 있기 때문이라고 생각했다. 즉, 융에게는 전혀 맞지 않았던 해결 방법이 다른 사람에게는 딱 맞는 방법이 될 수도 있다는 것이었다.

분석실험을 통해 이러한 생각은 더욱 확고해졌다. 융은 의사라면 반드시 여러 '방법'을 숙지하고 있어야 하지만 어느 특정적, 고정적 방법에 얽매이지 않도록 경계하고 또 주의해야 한다는 결론을 내렸다.

융은 환자에게 분석치료를 할 때 그 어떤 시스템도 따르지 않았다. 모든 환자에게는 서로 다른 언어를 사용할 필요가 있다고 보았기 때문이다. 예를 들어 이번에는 아들러의 언어를, 다음에는 프로이트의 언어를 사용해야 할 수도 있다고 생각한 것이다. 단 한 가지 방법을 적용하는 것이 심리요법의 본질이 아니라면 정신의학적인 분석만으로는 부족하다. 정신과 의사는 환자를 이해해야 할 뿐만 아니라 자기 자신을 알아야한다.

심리분석을 하려면 두 사람의 참여자가 서로 대화를 나눠야 한다. 즉, 분석가와 환자가 얼굴을 마주 보고 앉아 눈을 마주치며 소통을 해야 한다는 의미다. 그러려면 의사는 물론 환자 역시 말을 해야 한다. 이처럼 의사의 개입 없이 병을 치료할 수 없다는 사실은 많은 사례를 통해 이미 증명된 바다. 관건은 의사가 자신을 극의 일부분으로 여길 수 있느냐, 혹은 권위 있는 모습을 보일 수 있느냐로 이에 따라 결과는 크게 달라진다.

생사의 기로처럼 중요한 순간에는 에둘러 암시를 해봤자 아무 소용이 없다. 바로 이러한 때 의사는 자신의 사람됨과 의

술에 대한 도전에 직면한다.

융이 치료한 환자 중에서도 이러한 사례가 있었다. 환자는 지능이 높은 여성이었다. 심리분석을 시작할 때만 해도 꽤 순조로운 듯했지만 얼마 지나지 않아 융은 그녀의 꿈을 명확히 해석하지 못하는 자신을 발견했다. 게다가 두 사람의 대화는 갈수록 피상적으로 흘러갔다. 그리하여 융은 환자와 솔직하게 이야기를 나눠보기로 결심했다.

그녀와 만나기로 한 전날 밤 융은 꿈을 꾸었다. 꿈속에서 융은 오후의 햇살을 맞으며 산골짜기의 도로를 따라 걷고 있었다. 오른쪽으로 가파른 산이 있고, 그 산꼭대기에는 성 하나가 우뚝 서 있었다. 그 성의 가장 높은 탑에 한 여인이 난간에 기대앉아 있었다. 융은 그 여인을 좀 더 자세히 보기 위해 고개를 한껏 뒤로 젖히고 있었다.

꿈에서 깨어난 후 융은 목 부분에 경련을 느끼며 꿈속에서 본 그 여인이 바로 그 환자임을 확신했다.

순간 융은 깨달았다. 꿈속에서 고개를 들어야만 그녀를 볼 수 있었다면 실제로는 그녀를 내려다봤을 것이라는 사실을 말이다. 꿈은 결국 이데올로기에 대한 보상이었던 것이다. 융은 이 꿈과 꿈에 대한 해석을 그의 환자에게 들려주었다. 그러자 바로 상황이 바뀌며 다시금 치료에 진전이 보이기 시작했다.

의사로서 융은 항상 자문했다.

▼

"환자가 내게 어떤 정보를 전하고 있나? 그는 내게 무엇을 의미하는가?"

그런 다음 자답했다.

"상처받은 경험이 있는 의사만이 상처를 치료할 수 있다."

이것이 바로 뒤바뀔 수 있는 진리에 대해 융이 도출한 결과였다.

UFO와 물고기
그리고 연금술에 관하여

Jung

이 모든 환상이 결정적으로 연금술의 상징을 가리키고 있으며, 내가 이미 그리스도에 대해 연금술적인 환상을 가졌다는 사실을 깨닫는 순간 나는 후련함을 느꼈다.

1939년 융은 《심리학과 연금술》을 집필하느라 한창 바쁜 시간을 보냈다.

어느 날 밤 꿈에서 깬 융은 밝은 달빛 아래 침대 발치에 서 있는 십자가를 진 그리스도의 모습을 보았다. 실제 사람만 한 크기는 아니었지만, 꽤 뚜렷한 형상이었다. 그리스도의 몸은 녹색을 띤 금으로 되어 있었다. 그 놀랍도록 아름다운 모습에 융은 전율을 느꼈다.

융은 이 모든 환상이 결정적으로 연금술의 상징을 가리키고 있으며, 자신이 이미 그리스도에 대해 연금술적인 환상을 가졌다는 사실을 깨닫는 순간 후련함을 느꼈다. 그 녹색을 띤 금은 연금술사들이 본 생명력의 본질이었다. 이는 생명의 원기이자 인간의 영혼이며 대우주의 자손으로 온 우주에 활력을 불어넣는 인간을 나타냈다. 그러나 꿈에서 금속이 강조됐다는 사실은 정신적으로 살아 있는 물질과 육체적으로 이미 죽은 물질의 결합을 뜻하고 있었다.

1940년대는 개인과 문화가 '대중화'라는 위협에 직면한 시기였다. 그런 까닭에 곳곳에서 그리스도의 재림을 갈망하는 물결이 일었고, 심지어 그리스도가 재림했다는 소문도 끊이지 않았다. 이러한 상황은 구원을 얻고자 하는 사람들의 마음이 반영된 것이었다.

그러나 시대는 달라졌고, 이는 '기술 시대'의 전형적인 산물로 표현되었다. 전 세계적으로 확산된 'UFO' 현상이 바로 그것이었다. 'UFO'란 지구인이 발견한 미확인 비행물체인데 융이 굳이 'UFO' 현상을 언급한 이유는 심리학과 연금술의 대립과 통일 관계를 충분히 서술하는 데 그 목적이 있었다. 그는 임상 심리요법 시 '전이'로 이러한 표현이 나타난다고 보았다.

그때 융은 또다시 꿈을 꾸었다. 꿈에서 본 융의 집엔 그가 단 한 번도 들어간 적 없는 부속 건물이 있었다. 이를 본 융은 그곳에 들어가 보기로 했다. 건물 안으로 들어선 융은 가장 먼저 커다란 중문 앞에 이르렀다. 문을 열자 융은 어느새 실험실에 들어와 있었다. 창문 앞에 두 개의 책상이 놓여 있고, 그 위에는 유리그릇과 동물실험용 기구가 잔뜩 널려 있었다.

왠지 기시감이 든다 싶더니 돌연 그곳이 아버지의 작업실이라는 생각이 들었다. 그러나 아버지의 모습은 보이지 않았다. 아버지는 어디 계시지? 융은 한참을 찾고 또 찾았다. 그런데 벽을 따라 놓여 있는 책장에서 온갖 어류가 담겨 있는 수백 개의 병을 발견한 것이다! 융은 깜짝 놀랐다.

'아버지가 이제는 어류를 연구하시나?'

융은 그곳에 서서 사방을 둘러보았다. 그때 강한 바람을 맞은 듯 불룩하게 부풀어 오른 커튼이 눈에 띄었다. 그러더니 갑자기 시골 청년 한 명이 나타났다. 융은 그에게 커튼 뒤쪽의 방에 창문이 열려 있는지 가보라고 했다. 그는 말 한마디 없이 돌아섰고, 한참이 지나 돌아왔을 땐 공포에 질린 얼굴이었다. 그는 떨리는 목소리로 말했다.

"맞아요. 뭔가가 안에 있어요. 그게 나타났다고요!"

융은 방 안으로 들어가 보았고 그곳에서 어머니의 방으로 통하는 문을 발견했다. 그러나 방 안은 텅 비어 있었다. 그저 신비한 분위기 속에 두 줄의 수납장과 두 개의 침대가 있을 뿐이었다. 융은 그곳이 오래전에 세상을 떠난 어머니가 지내던 방임을 알았다. 어머니의 방 건너편엔 문이 하나 있었는데 융은 이 문을 열고 대청으로 들어갔다. 대청에는 안락의자와 작은 테이블, 호화로운 장식품이 놓여 있었고 브라스밴드가 요란하게 연주를 하고 있었다.

융은 이 꿈에서 '유령의 응접실'과 물고기 실험실이 가장 중요한 이미지임을 깨달았다. 다만 물고기 연구가 아버지의 몫으로 돌아가고, 어머니는 흩어진 영혼들의 보호자가 되었다는 점이 의아했다. 이에 융은 양친이 모두 영혼을 치유하는 중임을 맡고 있구나 생각했다. 다시 말해서 이러한 중책이 융에게 있음을 뜻하는 것이기도 했다.

순간 융의 머릿속에는 신약 성경 한 구절이 떠올랐다.

'이제는 내가 산 것이 아니요, 오직 내 안에 그리스도께서 사신 것이라.'

이와 함께 괴테의 한마디가 융의 귓가에 맴돌았다.

'모두 살금살금 피해 가는 저 문을 과감히 박차고 나가자.'

'그리스도의 물고기'는 그리스도를 본받으려는 사람들 자체가 물고기, 즉 동물적인 보살핌이 필요한 무의식적 본성을 지닌 영혼들임을 보여준다. 그리고 물고기 실험실은 '영혼에 대한 교회의 돌봄'과 같은 말이다. 상처 입은 사람들이 스스로 생채기를 내듯 치료를 하는 사람들도 자기 자신을 치유할 수 있다.

만다라 그림 속 중국적 느낌

Jung

이 그림은 1928년 작으로 경비가 삼엄한 황금빛 성을 그린 그림이다. 프랑크푸르트에 있던 리하르트 빌헬름이 내게 황금빛 고성, 즉 불로장생의 기원에 관한 3000년 전의 중국어 글을 보내온 것도 이즈음이었다.

1918년 융은 집단 무의식에 대해 연구하던 중 보편성을 지닌, 비슷한 유형의 부호, 즉 만다라 부호를 발견했다. 그 후 다시 10여 년의 자료수집과 논증을 거쳐 융은 처음으로 자신이 발견한 바를 발표했다.

1928년 융은 만다라를 그렸다. 이 그림의 중앙에는 황금색의 성이 있었다. 그림을 완성한 후 융은 자기 자신에게 물었다.

"그림에 중국적인 느낌이 왜 이렇게 강하지?"

겉으로 보기에는 중국적일 만한 것이 없었지만 융은 자신

▼

이 사용한 형식이나 색채에 중국적인 느낌이 강하다고 생각했다.

얼마 후 융은 리하르트 빌헬름이 보내온 편지를 받았다. 편지에는 '황금꽃의 비밀'이라는 제목의 도교의 연금술에 관한 원고 초고가 동봉되어 있었다. 빌헬름은 융에게 그 원고에 대한 평론을 부탁했고, 융은 단숨에 글을 읽어 내려갔다. 그 글 안에는 만다라와 그 중심의 선회에 관한, 융이 꿈에도 생각지 못했던 증거가 담겨 있었다. 이는 융이 고독을 깨뜨리는 첫 사건이었다. 이 일로 일종의 공감을 얻은 융은 생각했다.

'드디어 어떤 일, 어떤 사람과 연계할 수 있게 되었구나!'

이러한 우연, '동시성'을 떠올리며 융은 자신에게 깊은 인상을 남긴, 그 중국적인 느낌이 있는 그림의 아랫부분에 다음과 같은 글을 남겼다.

'이 그림은 1928년 작으로 경비가 삼임한 황금빛 성을 그린 그림이다. 프랑크푸르트에 있던 리하르트 빌헬름이 내게 황금빛 고성, 즉 불로장생의 기원에 관한 3000년 전의 중국어 글을 보내온 것도 이즈음이었다.'

동양의 중국에 대해 알고 싶었던 융은 그의 친구로부터 중국통인 빌헬름을 소개받았다. 융이 만난 빌헬름은 글뿐만 아니라 하는 말에도 중국적인 색채를 띠고 있었다. 하는 행동도 거의 중국인처럼 보일 정도였다. 동양의 사상과 중국의 문화가 이미 그의 마음 깊이 자리한 모양이었다.

▼

빌헬름은 유럽으로 돌아오자마자 프랑크푸르트암마인의 대학에서 중국학 강의를 시작했다. 그러나 학생들을 대상으로 하는 수업이든, 일반인을 대상으로 하는 강좌이든 그는 유럽 정신에 압박감을 느끼는 듯 보였고, 결국 기독교적 관점과 사고방식이 조금씩 대두되기에 이르렀다.

융도 빌헬름의 강좌를 몇 번 들으러 갔었는데 그의 강좌는 전통적인 설교와 거의 다를 바가 없었다. 그 후 융은 빌헬름의 주의를 환기하고자 그에게 말했다.

"친애하는 빌헬름, 부디 제 말을 오해 말고 들어줬으면 합니다만 요즘 부쩍 서양의 것들이 당신에게 영향력을 행사하는 것 같군요. 서양에 동양을 소개하는 당신의 여정에서 점점 벗어나고 있는 느낌입니다."

빌헬름이 답했다.

"맞는 말입니다. 뭔가가 나를 강력하게 사로잡고 있다는 느낌이 들어요. 하지만 뭘 어쩌겠습니까?"

몇 년 후 빌헬름은 병세가 악화되어 더 이상 손을 쓸 수 없는 지경에 이르렀다. 그가 세상을 떠나기 몇 주 전부터 융은 그의 소식을 들을 수 없었다.

그러던 어느 날 막 잠들던 찰나 융은 눈앞에 나타난 환영에 깜짝 놀라 정신을 차렸다. 짙은 남색의 외투를 입은 중국인이 두 손을 소매 안에 넣은 채 침대 옆에 서 있었던 것이다. 그는 융에게 허리를 굽혀 인사하더니 무슨 소식을 전하려 하는 것 같았다.

꽤 또렷한 환영이었던지라 융은 그 사람의 얼굴에 있던 주름과 그의 옷에 있던 실 가닥까지 똑똑히 볼 수 있었다.

실제로 빌헬름은 융과의 마지막 만남에서도 솔직해지지 못했다. 융이 그에게 심리학적 관점을 이야기할 때 그가 큰 관심을 표현하기는 했지만, 그의 관심은 융이 이야기하는 객관적인 사물에만 국한되어 있었다. 빌헬름은 마음을 닫았고, 융은 주요 인사들에게서 그와 유사한 상황을 관찰한 바 있었다.

괴테의 《파우스트》에서는 이러한 상황이 '인적이 드문, 사람들의 발길이 닿지 않은' 땅으로 묘사되었다. 이 땅은 강제 진입이 불가함은 물론 그 누구도 간섭할 수 없었다.

성격유형과 별자리 운세에 관하여

Jung

나는 침묵을 지킬 수밖에 없었다. 상황이 내가 자유자재로 운용할 수 있는 경험적 자료와 같았기 때문이다. 여기서 경험적 자료란 지인의 무의식적 산물 또는 역사 문헌을 가리킨다.

21세기인 오늘날에도 성격 테스트와 별자리 운세에 대한 사람들의 믿음은 여전하다. 그렇기에 우리는 융이 진행했던 해당 분야의 연구 내용을 짚고 넘어가지 않을 수 없다.

심리분석의 대가로서 융이 남긴 주요 업적을 꼽는다면 단연 심리학적 유형론을 들 수 있다. 융은 사람을 심리상태에 따라 내향형과 외향형으로 나눌 수 있으며, 심리적 기능에 따라 사고형, 감정형, 감각형, 직관형 등 네 가지 유형으로 나눌 수 있다고 보았다.

▼

그는 다시 이 두 가지 심리상태와 네 가지 심리적 기능을 결합해 인간의 성격 유형을 여덟 가지, 즉 내향적 사고형, 외향적 사고형, 내향적 감정형, 외향적 감정형, 내향적 감각형, 외향적 감각형, 내향적 직관형, 외향적 직관형으로 나눴다.

물론 이 여덟 가지는 지극히 극단적인 유형이며 실제로는 한 사람에게서 동시에 두 가지의 심리상태와 네 가지의 심리적 기능이 뒤섞여 나타나는 것이 보통이다. 사람마다 차이점이 있다면 각각의 에너지가 차지하는 비중이 다르다는 것뿐이다.

즉, 어느 심리상태 또는 심리적 기능이 주도적인 역할을 하고, 나머지가 보조적인 역할을 하는 셈이다. 자신에게 어떤 심리상태 또는 심리적 기능의 특징을 찾아볼 수 없다면 이는 해당 요소가 잠재의식 속에 존재하기 때문으로 조만간 우리의 행동에 영향을 미칠 것이나. 이는 줄곧 미개의 원시상태에서 개성화 과정을 거치지 못한 기능은 일단 이를 억압하는 방어선이 무너지면 한 사람의 삶을 방해할 수 있으며 병적인 이상 행동으로 발전할 수 있다는 뜻이다.

융의 이론은 모든 성격유형이 모종의 신경증 또는 정신질환으로 발전할 가능성이 있으며, 억압된 심리상태 또는 심리적 기능에 극심한 외부적 스트레스가 더해져 병증이 유발된다는 사실을 밝힌 데 그 의미가 있다.

물론 두 가지 심리상태와 네 가지 심리적 기능을 고루 갖춰 심리적 에너지의 완벽한 조화를 이루는 사람은 없다. 그러나 이들을 최대한 개성화하고, 심리상태나 심리적 기능을 억지로 억누르지 않는 방법을 통해 에너지의 부조화를 최소화할 수는 있다. 그러므로 융의 이 이론은 직업 선택이나 인재 채용에 매우 중요한 참고지표가 된다고 할 수 있다.

한편 별자리 운세는 젊은이들에게 인기다. 재미로 보기도 하고 이를 맹신하기도 하는데, 별자리 운세에 대한 젊은이들의 관심은 때때로 12간지에 대한 관심을 넘어서기도 한다.

쾌청한 밤하늘을 올려다보면 밝고, 어둡고, 빨갛고, 파란 별들이 눈부시게 빛나고 있는데 어떻게 해야 자신이 원하는 그 별을 찾을 수 있을까? 별자리를 모른다면 드넓은 밤하늘에서 곧 길을 잃을 것이다.

기원전 270년 즈음, 고대 그리스인은 자신들이 본 하늘을 48개의 별자리로 나누고, 그 안에서 밝게 빛나는 주요 별들을 가상의 선으로 연결했다. 그들은 이를 사람 또는 동물의 형상이라고 상상하고, 여기에 신화를 결합해 어울리는 이름을 붙였는데 이것이 바로 별자리 이름의 유래다.

그렇다면 별자리란 무엇인가? 아주 먼 옛날 별자리는 시간을 계산하는 데 사용되었고, 오늘날에는 사람의 성격을 대표한다.

융은 인간과 그 신화적 의미에 대한 생각 중 자신이 이미 최후의 진리를 말했다는 사실을 짐작도 하지 못했다. 그러나 융은 이것이 바로 물고기자리의 그 아득한 시간이 끝나갈 때 할 수 있는 이야기이며, 어쩌면 지금 다가오고 있는 물병자리의 그 길고 긴 시간을 고려해야 할지도 모른다고 생각했다.

이 별자리는 사람의 형상으로 물고기자리 옆에 있었다. 이는 머리와 꼬리를 서로에게 기울이고 있는 두 마리의 물고기로 구성된, 일종의 대립의 조합이었다. 물병자리는 자기를 대표하는 듯했다. 그는 늠름한 자태로 물병 안의 것을 남쪽 물고기자리의 입에 부었고, 남쪽 물고기자리는 아들을 상징했다.

무의식의 내용에서 2000여 년의 긴 세월을 거쳐 미래가 생겨나는데 이 미래의 특징은 염소자리의 상징으로 드러난다. 괴물, 즉 염소자리의 기괴함은 높은 산과 깊은 바다, 즉 함께 성장했지만 서로 다른 두 동물로 구성된 정반대의 성질을 상징한다. 이렇게 기이한 생물은 '인간'에 맞서는 조물주의 최초 이미지가 될 수 있었다.

이 문제에 대해 융은 침묵을 지킬 수밖에 없었다. 상황이 그가 자유자재로 운용할 수 있는 경험적 자료와 같았기 때문이다. 여기서 경험적 자료란 지인의 무의식적 산물 또는 역사 문헌을 가리킨다.

융은 자연스럽게 생겨난 것이 아니라면 고심해봤자 의미가 없다는 사실을 깨달았다. 우리가 물병자리의 긴 세월에 관한 자료와 같이 객관적 자료를 지녔을 때 비로소 이러한 고민에도 의미가 부여되는 것이었다.

▼

성격은 인간의 특성으로 생김새와 체형 외에 타인과 차별화되는 중요한 지표다. 사실 별자리와 상관없이 성격, 건강, 특히 연애관은 모두 가정환경과 교육수준 그리고 당시 사회의 영향을 받아 대부분 후천적으로 형성된다. 출생 시간과는 거의 관계가 없다고 할 수 있다.

그러나 사람들은 별자리를 이용해 자신의 운명과 사업, 결혼 등을 해석함으로써 모종의 해방감을 얻으려 한다. 예를 들어 계산 도구가 없던 고대 중국에서는 출생 시간을 구분하는 방법으로 별자리를 이용했고 이로써 생일에 신비한 색채를 더했다. 또한 결혼, 사랑, 가정, 사업, 성격 등을 연관 지었다.

융은 말했다.

"점성학은 고대 심리학 지식을 총망라한 산물이다. 아스트롤라베(Astrolabe. 별의 위치, 시각, 경위도 등을 관측하기 위한 천문기계)는 주체와 객체, 음과 양, 남과 여 등 대립되는 모든 것을 포함하고 있기 때문이다."

융의 학설은 심리적 발전의 목표가 대립되는 모든 것의 융합에 있다고 말하는데 사실 융은 20세기에 이미 사람의 내적 세계에 들어가 신대륙을 발견한 콜롬버스였다.

자신의 태양과 달 또는 별자리를 이야기하는 사람이 많을 걸 보면 요즘 사람들이 얼마나 자신을 이해하길 원하는지 알 수 있다. 이는 융의 학설 중 페르소나에 해당하는데 모쪼록 오늘을 살아가는 젊은이들이 하루빨리 자신이 맡은 역할에 적

응하길 바란다.

우리는 생년월일을 선택할 수 없다. 다시 말해서 별자리를 선택할 기회 같은 건 없다는 얘기다. 그러나 우리에게는 자신을 어떤 성격을 지닌 사람으로 만들지에 대한 선택권이 있다. 그러니 이 넓은 세상에서 운명을 점치는 판에 연연하는 것은 스스로 시야를 제한하는 일임을 잊지 말자.

▼

미래에 대한 공헌과 약속

Jung

나는 극도의 결핍과 함께 굉장한 뿌듯함을 느꼈다. 달리 바라는 것이 없었다.

나는 객관적 형식에 존재하며, 내가 바로 나의 과거이자 나의 경험 그 자체였

으니까…….

정신분석 분야의 권위자인 융은 어떻게 대가의 위치에 올랐을까?

먼저 그의 가장 큰 업적은 단어 연상 테스트를 통해 인간에게 다양한 '콤플렉스'가 있다는 사실을 발견한 것이다.

단어 연상 테스트란 미리 준비된 용어집의 단어를 하나하나 피실험자에게 들려주고, 그중에서 피실험자를 동요시킨 단어에 대해 반응을 살피는 실험이다. 인격 장애가 있는 사람이라면 테스트 시 정서적으로 연관 있는 추억이나 생각들을

떠올려 반응시간이 길어지거나 반응을 보이지 않는데 이는 그 단어에 내포된 뜻이 피실험자의 소위 '콤플렉스'를 건드렸기 때문이다.

융은 정신이상 증세가 콤플렉스에 뿌리를 두고 있다면 단어 연상 테스트로 환자의 숨은 콤플렉스를 찾아내어 그 응어리를 풀어냄으로써 다시 환자의 심신을 건강하게 회복시킬 수 있다고 생각했다.

물론 콤플렉스가 반드시 부정적이고 반작용적인 역할을 하는 것은 아니다. 때로는 이것이 영감과 동력의 원천이 되기도 한다. '중독' 또는 '집요함'과 유사한 성격을 띠고 있기 때문이다.

융은 콤플렉스를 영감과 창의력의 원천이 된 경우로 보았고, 이를 통해 집단무의식이라는 중대한 발견을 해냈다. 융은 사람이 날 때부터 사유, 감정, 지각 등과 함께 어느 특정 방식을 통해 반응을 보이고 행동하는 선천적인 경향을 타고나 자신의 조상과 똑같은 방식으로 세상을 파악하고 반응을 보인다는 사실을 발견했다. 이러한 집단무의식의 발견은 융의 뛰어난 업적이자 심리학 역사의 이정표이기도 하다.

다음으로 융이 남긴 세 번째 주요 업적은 바로 심리 유형론을 구축한 것이다. 융의 이 이론은 모든 성격 유형이 모종의 신경증 또는 정신질환으로 발전할 가능성이 있다는 사실을 밝힌 데 그 의미가 있다. 또한 융의 심리 유형론은 직업 선택이나 인재 채용에 참고지표로써 매우 중요한 활용 가치가 있다.

　마지막으로 짚고 넘어갈 점은 융이 삶에 자신감을 잃은 중년 환자들을 치료하는 데 선구자였다는 사실이다. 융은 중년에 나타나는 정신질환의 원인으로 심리적 에너지를 꼽았다. 즉, 청년 시절에는 보통 심리적 에너지가 넘쳐 정신적인 가치를 소홀히 하고 물질적인 것에만 과도하게 집중하는 경향이 있는데 중년이 되어 인생의 목표를 달성하면 이러한 심리적 에너지가 쓸모를 잃으면서 자신감의 상실과 정신적 공허함을 유발한다는 것이었다.

　중년의 이러한 정신질환을 치료하려면 반드시 새로운 가치관을 형성해 공허함을 메워야 한다는 것이 그의 지론이었다. 그가 말하는 새로운 가치관이란 물질적인 것이 아니라 사람의 시야를 넓혀줄 정신적인 가치관이다. 그는 내적인 체험을 통해 생명과 개인의 삶의 의의를 이해함으로써 자기를 보완해나가야 한다고 주장했다.

　융의 학설은 현대 정신분석심리학 분야에서 중요한 분파를 형성하는 기반이 되었다. 미국의 심리학자 홀은 이렇게 말하기도 했다.

　"융은 근대사조에서 가장 중요한 혁명가이자 주도자이다. 그를 빼놓는다면 이 다난한 시대와 밀접한 관계를 가지고 있는 모든 사상을 누락시키는 것과 같다."

▼

요컨대 융의 심리학의 가장 정확한 표현은 분석심리학일 것이다. 융의 분석심리학은 인격구조 이론이기도 하다. 그는 인격의 총체를 심령이라고 칭하며 이를 복잡다단한 유기체이자 각 단계가 명확하며 상호작용을 하는 인격구조라고 보았다. 그가 말하는 구조는 3단계로 의식, 개인무의식, 집단무의식이었다.

거대한 바위 입구로 향하는 계단에 가까워지자 기이한 현상이 나타났다. 융은 그가 주시하는 것, 희망하는 것, 그리고 예상하는 모든 것이 사라지고 있다는 느낌을 받았다. 지구에 존재하는 모든 환영이 이미 사라지거나 그를 떠났는데 이는 매우 고통스러운 과정이었다. 그러나 남은 것도 있었다. 그가 지나온 모든 날, 경험한 모든 것, 그의 주위에서 발생한 모든 것이 아직 남아 있는 듯했다. 그때 삶의 종착점을 앞두고 있던 융은 자랑스럽게 말할 수 있었다.

"이 모든 것이 나와 함께했고, 내가 곧 이 모든 것이었다. 나는 존재했던 모든 것, 완성한 모든 것의 총체였다."

이것이 바로 융이었다. 이는 위대한 심리학의 대가 융이 내린 자기 일생에 대한 총평이었으며, 사후의 삶에 대한 상상이자 영원한 약속이었다.

스위스 졸리콘의 지역 박물관에 있는 칼 융의 사진

잠들기 전에 읽는 융

초판 1쇄 인쇄 ㅣ 2024년 6월 20일
초판 1쇄 발행 ㅣ 2024년 6월 26일

지은이 ㅣ 류쑤핑
옮긴이 ㅣ 원녕경
펴낸이 ㅣ 박찬욱
펴낸곳 ㅣ 오렌지연필
주 소 ㅣ 경기도 고양시 덕양구 삼원로 73 한일윈스타 1422호
전 화 ㅣ 031-994-7249
팩 스 ㅣ 0504-241-7259
이메일 ㅣ orangepencilbook@naver.com
본 문 ㅣ 미토스
표 지 ㅣ 강희연

ⓒ 오렌지연필

ISBN 979-11-89922-54-2 03100